T0113573

# IMPORTANCIA DE LA EVALUACIÓN DE LA ADMINISTRACIÓN PÚBLICA MUNICIPAL EN TAMAULIPAS

# IMPORTANCIA DE LA EVALUACIÓN DE LA ADMINISTRACIÓN PÚBLICA MUNICIPAL EN TAMAULIPAS

Dra. María del Rosario Hernández Fonseca

Número de Control de la Biblioteca del Congreso de EE. UU.:     2022920724
ISBN:          Tapa Blanda                    978-1-5065-4896-8
               Libro Electrónico              978-1-5065-4897-5

Información de la imprenta disponible en la última página.

Fecha de revisión: 17/11/2022

Corrección y revisión de estilo a cargo de la Lic. Martha Soledad Dávila Márquez. Este libro que fue dictaminado por el Comité Local de Publicaciones de la Unidad Académica Multidisciplinaria de Ciencias, Educación y Humanidades de la Universidad Autónoma de Tamaulipas y por un evaluador externo SNI 1 y el resultado fue positivo.

**Para realizar pedidos de este libro, contacte con:**
Palibrio
1663 Liberty Drive, Suite 200
Bloomington, IN 47403
Gratis desde EE. UU. al 877.407.5847
Gratis desde México al 01.800.288.2243
Gratis desde España al 900.866.949
Desde otro país al +1.812.671.9757
Fax: 01.812.355.1576
ventas@palibrio.com
846693

# INDICE DE CONTENIDO

# Índice de tablas

# Índice de imágenes

# Introducción

Es fundamental evaluar los procesos implementados por las administraciones públicas municipales porque de esta forma se identifican, tanto las áreas de oportunidad que tiene cada municipio para promover el desarrollo, como sus fortalezas.

Las metodologías que promueve el gobierno federal en México a través del Instituto Nacional para el Federalismo y el Desarrollo Municipal (INAFED) son gratuitas para los municipios y su participación en dichos procesos es opcional. En estas evaluaciones participa personal del INAFED, un enlace del gobierno del estado que se vaya a evaluar, autoridades municipales y académicos de las universidades públicas y privadas de cada una de las entidades federativas.

En lo que concierne al estado de Tamaulipas, son muy pocos los municipios que han decidido evaluarse porque consideran que la evaluación es un mecanismo para evidenciar de forma negativa el trabajo realizado y no se considera como una herramienta que permite la mejora continua del quehacer de los municipios.

Este libro está integrado por cinco capítulos distribuidos de la siguiente manera:

En el capítulo 1, titulado «Antecedentes de los procesos de la evaluación en la administración pública municipal en México», se especifican, en el contexto nacional, algunos de los problemas que presentan los municipios en el país, tales como la falta de recurso económico para invertir en proyectos sociales, lo cual se debe a que gastan entre el 40% y 60% en recurso humano, adquisición de bienes y pago de servicios para el desarrollo de sus funciones; además de que siete de cada diez municipios no tienen una capacidad financiera de ingresos propios. Los municipios reciben recursos públicos, por lo que deben transparentar la aplicación de éstos, pero, sobretodo, demostrar con acciones y obras el ejercicio del recurso. En este sentido, el Instituto Nacional para el Federalismo y el Desarrollo Municipal (INAFED) promovió el diseño de una metodología de evaluación con la finalidad de contribuir al cumplimiento de las facultades de los municipios establecidas en el artículo 115 Constitucional. Del 2004 al 2013, esta metodología fue nombrada Agenda Desde lo Local (ADL), del 2014 al 2018 fue conocida con Agenda para el Desarrollo Municipal (ADM) y del 2019 a la fecha se le identifica como Guía Consultiva de Desempeño Municipal (GDM). En este apartado se presenta un esbozo general de las características de cada una de ellas.

En el capítulo 2, identificado como «La evaluación de la administración municipal en Tamaulipas», se presenta el análisis del comportamiento de los municipios de Tamaulipas que fueron evaluados bajo los lineamientos establecidos en la Agenda para el Desarrollo Municipal (ADM) y las directrices de la Guía Consultiva de Desempeño Municipal (GDM). En este apartado se mencionan las universidades públicas y privadas que han participado en el proceso de evaluación, así como una pequeña cantidad de municipios que han dado seguimiento a los procesos de evaluación que promueve el INAFED.

En el capítulo 3, nombrado «Agenda 2030 para el Desarrollo Sostenible», se habla de la importancia de los diecisiete objetivos que integran la Agenda 2030, los orígenes de los mismos y los retos que establece el cumplimiento de cada uno de ellos.

En el capítulo 4, titulado «Municipios de Tamaulipas evaluados», se presenta un listado de los once municipios del estado de Tamaulipas que son: Altamira, Ciudad Madero, El Mante, Matamoros, Nuevo Laredo, Reynosa, Río Bravo, San Fernando, Tampico, Valle Hermoso y Victoria. Estos municipios han participado en tres o más procesos de evaluación tomando en cuenta las metodologías promovidas por el INAFED; en cada uno de los municipios se mencionan las característica de ubicación geográfica, población, situación conyugal, vivienda, grado de estudios y situación económica entre otras, asimismo se presentan los resultados obtenidos en cada proceso de evaluación.

En el capítulo 5, cuyo título es «Los retos para los municipios de Tamaulipas», se argumenta la importancia de sensibilizar a los funcionarios públicos para someter el trabajo de la administración pública a un proceso de evaluación periódica, con la finalidad de identificar las fortalezas y debilidades de la administración municipal, pero sobretodo, para tener evidencias que contribuyan al diseño de proyectos municipales que impacten en los objetivos establecidos en la Agenda 2030 para el Desarrollo Sostenible y en la posibilidad de firmar acuerdos de hermanamiento para incrementar las alianzas estratégicas para el desarrollo municipal.

Finalmente, se registran las conclusiones generales del libro y se agrega el listado de las fuentes consultadas.

# 1. Antecedentes de los procesos de evaluación de la administración pública municipal en México

## 1.1. Contexto nacional

México es un país que cuenta con una gran extensión territorial y, por su ubicación geográfica, posee diversas fortalezas —patrimonio natural y cultural— que le permiten desarrollarse y ser competitivo a nivel internacional; no obstante, también tiene debilidades endémicas, como la evaluación municipal que ha sido considerada como el centro de análisis de políticos y estudiosos (Pérez y Arenas, 2012).

El país cuenta con 2,454 municipios con diferentes actividades productivas, características geográficas y, usos y costumbres; sin embargo, todos ellos cuentan con una estructura administrativa «encargada de incrementar la calidad de vida de los ciudadanos a través de cumplir con las funciones» (INAFED, 2019a, p.9) establecidas en el artículo 115 de la Constitución Política de los Estados Unidos Mexicanos. En el caso específico de Tamaulipas, se cuenta con 43 municipios distribuidos en la entidad federativa.

Los municipios son entidades públicas que contribuyen al desarrollo social; uno de los problemas que presentan es el consumo de entre el 40% y 60% de los egresos totales de un año (INAFED, 2019a, p.14) en recursos humanos y en la adquisición de bienes y servicios para el desarrollo de las funciones del gobierno, por lo que se dispone de pocos recursos para invertir en proyectos y programas de desarrollo social.

Otro problema es que siete de cada diez municipios no tienen una capacidad financiera de ingresos propios, lo que causa que no puedan solventar el gasto corriente, provocando que haya alta dependencia de los recursos provenientes de la Ley de Coordinación Fiscal (INAFED, 2019a, p.13).

De esta forma, los dos problemas señalados —alto costo de operación e incapacidad para solventar el gasto corriente—, reflejan la existencia de una robusta estructura administrativa. En el caso de México, en el año 2015 había una población de 119,530,753 habitantes y en el año 2017 se contaba con 919,570 servidores públicos municipales, es decir, 7.7 servidores públicos por cada mil habitantes. En el año 2015 el estado de Tamaulipas tenía una población de 3,441,698 habitantes y 25,194 servidores públicos municipales, lo que equivale a 7.3 servidores públicos por cada mil habitantes (INAFED, 2019a, p.10).

Cuando se habla de una robusta cantidad de servidores públicos, es importante indagar sobre el perfil profesional y la capacitación que han recibido estos funcionarios para la realización de las tareas que le fueron encomendadas. Al respecto, los datos indican que en el año 2017, en el país, el 48% de los servidores públicos contaba con estudios de licenciatura, el 14.5% con estudios de preparatoria, el 13.2% con secundaria, el 9% con preescolar o primaria, el 5.4% con carrera técnica o comercial, el 3.6% con maestría, el 0.6% sin estudios, el 0.5% con doctorado. Durante ese mismo año, en Tamaulipas se registró el 50.8% de funcionarios públicos con licenciatura, el 11.8% con preparatoria, el 9.3% con secundaria, el 5.4% con carrera técnica o comercial, el 4.9% con maestría, el 2.4% con preescolar o primaria, 0.8% con estudios de doctorado, el 0.5% sin estudios (INAFED, 2019a, p.12).

Es preciso mencionar que no existe alguna normatividad que indique la cantidad de servidores públicos con la que debe contar un municipio, pero sí se cuenta con una unidad de medida que permite comparar y contextualizar la congruencia entre las características sociales y económicas (INAFED, 2019a).

De ahí la importancia de diseñar herramientas que ayuden a la administración pública municipal a medir las actividades realizadas de acuerdo con las competencias municipales establecidas en el artículo 115 de la Constitución Política de los Estados Unidos Mexicanos.

## 1.2. La evaluación municipal en México

México ha transitado por varios escenarios que han exigido la trasparencia de los recursos económicos que se destinan a las entidades federativas a través de varias partidas presupuestales, Tamón Takahashi-Iturriaga, investigador del Centro de Investigación para el Desarrollo A.C. (CICAD) refiere que:

> Es largo el camino de México hacia la construcción de un modelo de presupuestación orientado hacia la obtención de resultados medibles y evaluados. Desde la década de 1970, comenzaron a desarrollarse esfuerzos aislados y limitados. Hasta la década de 1990 estos esfuerzos fueron iniciativas sin mayor recorrido aplicadas a sectores muy específicos. A inicios de la década del 2000, la actividad del gobierno vinculado a la evaluación de sus políticas, en particular de la social, comenzó a tener un empuje mayor. Para 2005, se habían hecho varias reformas a la estructura del presupuesto, las cuales se conjuntaron bajo la denominación común de la Reforma al Sistema Presupuestario (RSP), de la que se destaca la definición de una estructura programática distinta: la Nueva Estructura Presupuestaria (NEP). (Takahashi citado en CIDE-Centro CLEAR, 2013, p.26).

Dicho lo anterior, el monitoreo y la evaluación se conciben como herramientas necesarias para dar cumplimiento a los objetivos plasmados en los planes de desarrollo. En el marco de la Gestión para Resultados en el Desarrollo (GpRD), los sistemas de monitoreo «se distinguen por incorporar indicadores no solo de insumos, actividades y productos, sino de los resultados o los cambios sociales que la intervención estatal debe producir» (González citado CIDE-Centro CLEAR, 2013, p.39); lo que implica que las metas deseadas son fundamentales, para ello es necesario contar con un sistema de planeación que establezca con claridad y precisión los resultados y las metas a obtener por los gobiernos.

México presentaba grandes retos que debían ser atendidos para contar con un sistema de monitoreo y medición en el marco de la GpRD, dentro de los cuales destacan:

1. Enfatizar los esfuerzos de evaluación en el nivel macro de la acción gubernamental.
2. Fortalecer la utilización de la información de desempeño.
3. Mantener los procesos de revisión, actualización y mejora continua de la Matriz de Indicadores de Resultados (MIR).
4. Expandir la oferta de indicadores de calidad.
5. Expandir procesos evaluativos no solo a la política social, sino a otros sectores que presentaban rezago en monitores y evaluación.
6. Generar información referente a la regresividad/progresividad de los programas evaluados (González citado CIDE-Centro CLEAR, 2013, P.p. 41-42).

Todas estas exigencias —mecanismos de transparencia y rendición de cuentas—contribuyeron a que en el año 2004 se creara en México una estructura institucional para implementar la evaluación por resultados que promoviera e impulsara el desarrollo sustentable de los municipios —en la actualidad el país cuenta con 2,454 municipios—. En este sentido, la Secretaría de Gobernación a través del Instituto Nacional para el Federalismo y Desarrollo Municipal (INAFED) «desarrolló un instrumento para la gestión efectiva de los gobiernos municipales. Esta herramienta administrativa se denominó "Agenda Desde lo Local" elaborada por académicos, funcionarios y autoridades de las tres esferas gubernamentales» (Lizama, Piñar y Ortega, 2016).

## 1.3. Agenda Desde lo Local (ADL)

La Agenda Desde lo Local (ADL) es un instrumento que se basa en el capítulo 28 de la Agenda 21 de la Organización de las Naciones Unidas, el cual responsabiliza a los gobiernos municipales de promover una participación activa de sus ciudadanos, esto con el fin de responder, dando soluciones concretas, a todos aquellos problemas que atañen al desarrollo sustentable (Mehta 1996; Roberts y Diederichs 2002; Echebarria *et ál.* 2004; Adolfsson, 2002; Piñar-Álvarez 2014 citados en Lizama, Piñar y Ortega 2016).

Este instrumento, que coadyuva al fortalecimiento municipal, se logró expresar por medio de una metodología que proporciona elementos a los ayuntamientos para realizar un autodiagnóstico que les permitía identificar las áreas de oportunidad y con esto crear e implementar programas de mejora continua (Pérez y Arenas, 2012); del mismo modo, la metodología de la Agenda desde lo Local permitió certificar la calidad del desempeño de las administraciones municipales por medio de la medición del cumplimiento de sus responsabilidades y funciones a través de cuatro cuadrantes:

1. Desarrollo institucional para un buen gobierno,
2. desarrollo económico sostenible,
3. desarrollo social incluyente y
4. desarrollo ambiental sustentable

asímismo, cada cuadrante representa diferentes indicadores de desempeño los cuales especifican el tipo de evidencia que se debía recabar a fin de lograr la certificación del municipio en cuanto a sus prácticas institucionales (Pérez y Arenas, 2012); por medio de la Red Interamericana de Alto Nivel sobre Descentralización, Gobierno Local y Participación Ciudadana (RIAD) y otras instancias e instituciones. Este programa se implementó en el ámbito internacional, desde los gobiernos locales de centro y sudamérica, hasta países como Rusia, Egipto y Afganistán, entre otros (Pérez y Arenas, 2012).

La ADL está integrada por 39 indicadores y 270 parámetros de medición. Cada uno de los indicadores puede ser medido a través de tres niveles que denotan un proceso de semaforización, el color rojo representa un escenario no deseable para los municipios, el color amarillo es sinónimo de que el municipio tiene tareas pendientes por realizar y el color verde indica que hay una situación aceptable en materia de desarrollo municipal. También se relaciona con el cumplimiento de las prerrogativas enunciadas en el artículo 115 Constitucional.

Los indicadores en rojo y amarillo son la expresión de las áreas de oportunidad para mejorar el cumplimiento de la administración pública municipal bajo el principio de equidad.

El proceso de evaluación fue opcional, cada municipio podía o no tomar la decisión de participar en este proceso que se desarrolló en cuatro fases:

a) Los funcionarios públicos elaboraban un autodiagnóstico,
b) en función de los resultados del autodiagnóstico, se seleccionaban las áreas de oportunidad —color rojo y amarillo— para

implementar acciones que contribuyeran a superar el rezago y avanzar en el desarrollo del municipio,

c) un órgano independiente —instituciones de educación superior públicas o privadas— validaban los resultados obtenidos con base en las evidencias presentadas, y

d) la institución educativa emitía los resultados de la verificación al Consejo Nacional desde lo Local para la expedición de certificados a los municipios que cumplieran con los mínimos aceptables de cada uno de los indicadores de calidad municipal.

El Consejo Nacional desde lo Local se integraba por representantes del gobierno federal, en este caso estaba a cargo del Instituto Nacional para el Federalismo y el Desarrollo Municipal (INAFED), se tenían representantes de las entidades federativas y de las instituciones de educación superior.

Agenda Desde lo Local fue implementada en México desde el año 2004 hasta el 2013 con una periodicidad anual. El primer estado en implementar esta metodología fue Nuevo León, con la participación de veintiséis municipios; en el año 2005 participaron cinco estados; en el 2006, nueve; en el 2007, diez; en el 2008, veinte; en el 2009, diecinueve; en este año se integró Tamaulipas con la participación del municipio de Nuevo Laredo: en el 2010 participaron veinticinco estados; en el 2011, veintiocho; en el 2012, treinta; y en el 2013 tuvieron presencia en los procesos de evaluación los treinta y un estados que integran la República Mexicana —excepto la Ciudad de México que tiene otras características—; sin embargo, solo participó el 40% de los municipios que integra el país. (*véase* tabla 1)

| Tabla 1. Agenda Desde lo local | | |
|---|---|---|
| Participación de los estados de la República Mexicana | | |
| Año | Estado | Cantidad de municipios participantes |
| 2004 | Nuevo León | 26 |
| Total | 1 | 26 |
| 2005 | Aguascalientes | 9 |
| | Campeche | 5 |
| | Guanajuato | 28 |
| | Jalisco | 1 |

| Tabla 1. Agenda Desde lo local | | |
|---|---|---|
| Participación de los estados de la República Mexicana | | |
| Año | Estado | Cantidad de municipios participantes |
| | Yucatán | 28 |
| Total | 5 | 97 |
| 2006 | Aguascalientes | 9 |
| | Coahuila | 17 |
| | Estado de México | 1 |
| | Morelos | 1 |
| | Querétaro | 9 |
| | Guanajuato | 11 |
| | Quintana Roo | 1 |
| | Jalisco | 1 |
| | Yucatán | 23 |
| Total | 9 | 73 |
| 2007 | Aguascalientes | 9 |
| | Coahuila | 35 |
| | Campeche | 10 |
| | Guanajuato | 24 |
| | Nuevo León | 3 |
| | Hidalgo | 1 |
| | Morelos | 1 |
| | Quintana Roo | 8 |
| | Sonora | 27 |
| | Tlaxcala | 15 |
| Total | 10 | 133 |
| 2008 | Aguascalientes | 8 |
| | Baja California Sur | 3 |
| | Campeche | 11 |
| | Chihuahua | 67 |
| | Coahuila | 38 |
| | Colima | 1 |
| | Guanajuato | 42 |

| Tabla 1. Agenda Desde lo local | | |
|---|---|---|
| Participación de los estados de la República Mexicana | | |
| **Año** | **Estado** | **Cantidad de municipios participantes** |
| | Hidalgo | 1 |
| | Jalisco | 116 |
| | Michoacán | 2 |
| | Morelos | 4 |
| | Nuevo León | 15 |
| | Querétaro | 15 |
| | San Luis Potosí | 20 |
| | Sinaloa | 2 |
| | Sonora | 22 |
| | Tlaxcala | 38 |
| | Quintana Roo | 8 |
| | Yucatán | 23 |
| | Zacatecas | 16 |
| **Total** | **20** | **452** |
| 2009 | Aguascalientes | 11 |
| | Baja California Sur | 3 |
| | Campeche | 11 |
| | Chiapas | 1 |
| | Chihuahua | 67 |
| | Coahuila | 35 |
| | Guanajuato | 41 |
| | Hidalgo | 2 |
| | Jalisco | 122 |
| | Michoacán | 9 |
| | Nuevo León | 7 |
| | Querétaro | 15 |
| | Quintana Roo | 9 |
| | Sinaloa | 4 |
| | Sonora | 7 |
| | Tamaulipas | 1 |

| Tabla 1. Agenda Desde lo local | | |
|---|---|---|
| Participación de los estados de la República Mexicana | | |
| Año | Estado | Cantidad de municipios participantes |
| | Tlaxcala | 44 |
| | Yucatán | 25 |
| | Zacatecas | 7 |
| Total | 19 | 421 |
| 2010 | Aguascalientes | 11 |
| | Baja California Sur | 2 |
| | Campeche | 11 |
| | Chiapas | 1 |
| | Chihuahua | 67 |
| | Coahuila | 38 |
| | Colima | 2 |
| | Guanajuato | 42 |
| | Guerrero | 1 |
| | Hidalgo | 3 |
| | Jalisco | 124 |
| | México | 2 |
| | Michoacán | 27 |
| | Morelos | 3 |
| | Nuevo León | 20 |
| | Puebla | 1 |
| | Querétaro | 13 |
| | Quintana Roo | 9 |
| | San Luis Potosí | 14 |
| | Sinaloa | 5 |
| | Sonora | 56 |
| | Tamaulipas | 1 |
| | Tlaxcala | 42 |
| | Yucatán | 12 |
| | Zacatecas | 1 |
| Total | 25 | 508 |

| Tabla 1. Agenda Desde lo local | | |
|---|---|---|
| Participación de los estados de la República Mexicana | | |
| Año | Estado | Cantidad de municipios participantes |
| 2011 | Aguascalientes | 11 |
| | Baja California | 1 |
| | Campeche | 10 |
| | Coahuila | 22 |
| | Colima | 6 |
| | Chiapas | 3 |
| | Chihuahua | 67 |
| | Durango | 3 |
| | Guanajuato | 40 |
| | Guerrero | 3 |
| | Hidalgo | 3 |
| | Jalisco | 124 |
| | México | 37 |
| | Michoacán | 26 |
| | Morelos | 26 |
| | Nuevo León | 19 |
| | Oaxaca | 4 |
| | Puebla | 9 |
| | Querétaro | 16 |
| | Quintana Roo | 9 |
| | San Luis Potosí | 21 |
| | Sinaloa | 6 |
| | Sonora | 36 |
| | Tamaulipas | 5 |
| | Tlaxcala | 45 |
| | Veracruz | 13 |
| | Yucatán | 22 |
| | Zacatecas | 15 |
| Total | 28 | 602 |
| 2012 | Aguascalientes | 10 |

| Tabla 1. Agenda Desde lo local | | |
|---|---|---|
| Participación de los estados de la República Mexicana | | |
| Año | Estado | Cantidad de municipios participantes |
| | Baja California | 2 |
| | Baja California Sur | 2 |
| | Campeche | 9 |
| | Chiapas | 2 |
| | Chihuahua | 64 |
| | Coahuila | 22 |
| | Colima | 2 |
| | Durango | 3 |
| | Guanajuato | 39 |
| | Guerrero | 2 |
| | Hidalgo | 68 |
| | Jalisco | 114 |
| | México | 33 |
| | Michoacán | 45 |
| | Morelos | 15 |
| | Nayarit | 7 |
| | Nuevo León | 12 |
| | Oaxaca | 35 |
| | Puebla | 151 |
| | Querétaro | 16 |
| | Quintana Roo | 9 |
| | San Luis Potosí | 17 |
| | Sinaloa | 9 |
| | Sonora | 19 |
| | Tamaulipas | 5 |
| | Tlaxcala | 46 |
| | Veracruz | 41 |
| | Yucatán | 15 |
| | Zacatecas | 23 |
| Total | 30 | 837 |

| Tabla 1. Agenda Desde lo local | | |
|---|---|---|
| Participación de los estados de la República Mexicana | | |
| Año | Estado | Cantidad de municipios participantes |
| 2013 | Aguascalientes | 10 |
| | Baja California | 1 |
| | Baja California Sur | 4 |
| | Campeche | 11 |
| | Coahuila | 18 |
| | Colima | 7 |
| | Chiapas | 4 |
| | Chihuahua | 64 |
| | Durango | 6 |
| | Guanajuato | 46 |
| | Guerrero | 21 |
| | Hidalgo | 75 |
| | Jalisco | 122 |
| | México | 112 |
| | Michoacán | 55 |
| | Morelos | 23 |
| | Nayarit | 10 |
| | Nuevo León | 19 |
| | Oaxaca | 57 |
| | Puebla | 89 |
| | Querétaro | 15 |
| | Quintana Roo | 9 |
| | San Luis Potosí | 24 |
| | Sinaloa | 8 |
| | Sonora | 22 |
| | Tabasco | 11 |
| | Tamaulipas | 4 |
| | Tlaxcala | 35 |
| | Veracruz | 57 |
| | Yucatán | 39 |

| Tabla 1. Agenda Desde lo local | | |
|---|---|---|
| Participación de los estados de la República Mexicana | | |
| Año | Estado | Cantidad de municipios participantes |
| | Zacatecas | 11 |
| Total | 31 | 989 |

Fuente: INAFED, (2013). Resultados históricos de Agenda Desde lo Local 2004-2013[1]

Todas las metodologías de evaluación son perfectibles y deben adaptarse a las necesidades que presentan los municipios, Agenda Desde lo Local no fue la excepción y un grupo de expertos consideró que había áreas de oportunidad y de mejora continua que no eran considerados por dicha metodología, por lo que se efectuó una reestructuración que dio paso a una nueva forma de evaluar que llevó por nombre Agenda para el Desarrollo Municipal.

## 1.4. Agenda para el Desarrollo Municipal (ADM)

La metodología del programa «Agenda Desde lo Local» (ADL) o Programa Federal de Fortalecimiento Municipal, logró una incorporación creciente a los procesos de autoevaluación de municipios mexicanos del año 2004 hasta el 2013; sin embargo, la participación no superaba el 50% de los municipios que integraban los 31 estados que conforman la República Mexicana —excepto la Ciudad de México, la cual presenta otras características—. En el año 2014 se realizó una reingeniería al programa ADL «con el objetivo de facilitar su implementación y tener una mayor cobertura de su aplicación en el país» (Lizama, Piñar, Ortega, 2016, p.3).

Después de este proceso de reestructuración, el programa recibió el nombre de Agenda para el Desarrollo Municipal (ADM); este programa retomó como punto central la nueva Gestión Pública o Nueva Gobernanza la cual promovía el quehacer de una administración pública orientada a los resultados (Ospina-Bozzi, 1993 citado en Lizama, Piñar, Ortega, 2016). Esta visión permitió que se desarrollaran políticas públicas en escenarios nacionales, estatales y municipales derivadas de una política pública del

---

1 Recuperado en https://www.gob.mx/inafed/acciones-y-programas/resultados-historicos-del-programa-agenda-desde-lo-local

gobierno federal en materia de evaluación, descentralización, transparencia y desempeño, y desempeño gubernamental (Gobierno de la República, 2013 citado en Lizama, Piñar, Ortega, 2016).

La Agenda para el Desarrollo Municipal y su metodología pudieron fortalecerse gracias a la elaboración de diversos estudios dirigidos por expertos municipalistas quienes realizaron análisis puntuales y rigurosos sobre los resultados obtenidos a partir de la ADL, su participación en foros nacionales e internacionales se conjuntaron con nuevas prácticas de experiencias exitosas para que los gobiernos municipales fueran evaluados en rubros relacionados con sus competencias constitucionales, tal como se establece en el artículo 115 de la Constitución Política de los Estados Unidos Mexicanos que refiere lo siguiente;

> Los estados adoptarán, para su régimen interior, la forma de gobierno republicano, representativo, democrático, laico y popular teniendo como base su división territorial y de su organización política y administrativa, el municipio libre;[2]

El programa ADM busca fortalecer las capacidades institucionales de los municipios, los ayuda a detectar sus prioridades y diseñar las acciones que les permitan alcanzar resultados concretos y verificables. Pertenece al Gobierno Federal y fue diseñado por la Secretaría de Gobernación, a través del Instituto Nacional para el Federalismo y el Desarrollo Municipal (INAFED). Constituye un sistema de indicadores confiables, objetivos y comparables que orientan a los gobiernos municipales para llevar a cabo una administración eficaz a partir de dos niveles:

- Nivel de gestión: Entendido como el conjunto de procesos y actividades básicas para el funcionamiento interno del aparato administrativo.
- Nivel de desempeño: Entendido como los resultados alcanzados por el gobierno municipal, de acuerdo con las funciones derivadas del mandato legal y las expectativas ciudadanas.

---

2    Léase capítulo I, II, III, IV, V, VI, VII y VIII de la Constitución Política de los Estados Unidos Mexicanos (2019). [Documento revisado el 1 de julio de 2022].

El programa busca fortalecer las capacidades institucionales de los municipios a partir de un diagnóstico de la gestión y la evaluación del desempeño de sus funciones constitucionales, con el fin de contribuir al desarrollo y la mejora de la calidad de vida de la población.

Los principales beneficios de la Agenda para el Desarrollo Municipal son:

- Contar con un diagnóstico actualizado de los principales temas de la agenda de gobierno.
- Focalizar los esfuerzos del gobierno municipal en las funciones y servicios públicos que la Constitución les encomienda.
- Diseñar acciones específicas para la atención de áreas de oportunidad, a través de un programa que mejora la gestión.
- Evaluar objetivamente los resultados del gobierno municipal mediante una metodología consolidada.
- Ser reconocido en foros nacionales por las buenas practicas implementadas en el gobierno municipal.

Con este programa, México se suma a la lista de aquellos países en los cuales la medición de la gestión y el desempeño en los gobiernos locales es una práctica recurrente que auxilia a los gobernantes a mejorar el proceso de toma de decisiones y a la ciudadanía a ejercer su derecho a una rendición de cuentas.

La Agenda para el Desarrollo Municipal (ADM) se integra por dos secciones:

a. La Sección «A» denominada Agenda básica y
b. la Sección «B» nombrada Agenda ampliada.

Cabe hacer mención que en las capitales de los estados se aplican las secciones «A» y «B», mientras que en el resto de los municipios la sección «B» es opcional.

La sección «A» evalúa los temas fundamentales a cargo de los municipios; es decir, las funciones establecidas en el artículo 115

Constitucional, así como aquellos rubros institucionales que garantizan su debido cumplimiento. (*véase* tabla 2)

| Tabla 2. Sección A: Agenda Básica para el Desarrollo Municipal ||
|---|---|
| **A1. Desarrollo territorial** | **A.2. Servicios públicos** |
| A.1.1. Planeación urbana | A.2.1. Calles |
| A.1.2. Ordenamiento ecológico | A.2.2. Agua potable |
| A.1.3. Protección civil | A.2.3. Drenaje y alcantarillado |
| | A.2.4. Aguas residuales |
| | A.2.5. Limpia |
| | A.2.6. Residuos sólidos |
| | A.2.7. Parques y jardines |
| | A.2.8. Alumbrado público |
| | A.2.9. Mercados públicos |
| | A.2.10. Panteones |
| | A.2.11. Rastro |
| **A.3. Seguridad Pública** | **A.4. Desarrollo Institucional** |
| A.3.1. Prevención social de la violencia y la delincuencia | A.4.1. Organización |
| A.3.2. Policía preventiva | A.4.2. Planeación y control interno |
| A.3.3. Seguridad pública | A.4.3. Capacitación |
| A.3.4. Tránsito | A.4.4. Tecnologías de la información |
| | A.4.5. Transparencia y acceso a la información pública. |
| | A.4.6. Armonización contable |
| | A.4.7. Ingresos |
| | A.4.8. Egresos |
| | A.4.9. Deuda |

Fuente: INAFED, 2018a.

La Sección «B» mide aquellos temas en los que el municipio participa en coordinación con los otros órdenes de gobierno (Federal o Estatal) con el fin de contribuir al desarrollo integral de sus habitantes. (*véase* tabla 3)

| Tabla 3. Sección B: Agenda ampliada | | |
|---|---|---|
| **B.1. Desarrollo económico** | **B.2. Desarrollo social** | **B.3. Desarrollo ambiental** |
| B.1.1. Empleo | B.2.1. Pobreza | B.3.1. Medio ambiente |
| B.1.2. Transporte público | B.2.2. Educación | |
| B.1.3. Conectividad | B.2.3. Salud | |
| B.1.4. Comercio y servicios | B.2.4. Vivienda | |
| B.1.5. Industria* | B.2.5. Grupos vulnerables | |
| B.1.6. Agricultura* | B.2.6. Igualdad de género | |
| B.1.7. Ganadería* | B.2.7. Juventud | |
| B.1.8. Pesca* | B.2.8. Deporte y recreación | |
| B.1.9. Turismo* | B.2.9. Patrimonio cultural | |
| B.1.10. Forestal* | | |

Fuente: INAFED, 2018a

Los temas marcados con * son optativos. Para efectos del esquema de reconocimiento del Programa, el municipio deberá elegir por lo menos uno de ellos y responderlo de acuerdo con su vocación productiva.

La Agenda se estructura de la siguiente manera: (*véase* tabla 4)

| Tabla 4 Estructuración de la Agenda para el Desarrollo Municipal | | | | | |
|---|---|---|---|---|---|
| Sección | Ejes | Temas | Indicadores | | |
| | | | Gestión | Desempeño | Subtotal |
| Sección A **Agenda básica** | 4 | 27 | 118 | 55 | 173 |
| Sección B **Agenda ampliada** | 3 | 20 | 89 | 8 | 97 |
| **Total** | **7** | **47** | **207** | **63** | **270** |

Fuente: INAFED, 2018a.

Cada uno de los indicadores de gestión y desempeño son evaluados por medio de una simbología que representa un semáforo: el «verde» representa resultados óptimos, el «amarillo» resultados por debajo de lo aceptable y el «rojo» resultados inaceptables.

ADM —a diferencia de ADL— integra dos parámetros más que facilitan la objetividad de la medición:

- Información No Disponible «ND» es aquella información con la que, en muchas ocasiones, no se cuenta debido al cambio del gobierno municipal y a la falta de evidencias en el proceso de entrega recepción del poder; y
- No Cumple con el Supuesto «NCS», el cual se aplica cuando no existe un supuesto o no corresponde a la realidad del municipio; por ejemplo, si se pregunta sobre la deuda municipal y el municipio no está endeudado o se cuestiona por actividades económicas relacionadas con la pesca y el municipio se dedica a la agricultura. Como este hay muchos ejemplos.

De forma específica, ADM busca:

1. Conocer el estado que guarda la administración pública municipal por medio de un autodiagnóstico;
2. fortalecer las capacidades institucionales de la administración municipal;
3. promover la vinculación con instituciones del sector público, privado y social;
4. evaluar y reconocer los resultados del desempeño de las funciones constitucionales de los municipios; y
5. promover la adopción de buenas prácticas municipales y difundirlas en foros nacionales e internacionales (INAFED, 2018a; INAFED, 2017a).

La Agenda para el Desarrollo Municipal inició sus operaciones en el año 2014, realizando mediciones rigurosas sobre la cobertura y la calidad de los servicios básicos que deben garantizar los municipios a sus habitantes; por lo que se convirtió en una herramienta que permitía detectar las prioridades y establecer metas para ser incorporadas en los planes de trabajo y desarrollo; además de ser una guía de acompañamiento para los servidores públicos en aras de ser más certeros y eficientes en el desempeño de sus funciones administrativas (INAFED, 2018a).

La Agenda inició sus operaciones en el año 2014, con la evaluación de los indicadores de gestión considerados en el diseño metodológico. En el año 2015, la Agenda abarcó por primera vez la verificación de los indicadores de desempeño en los municipios participantes. En los años 2016 y 2017 se incorporaron diversos cambios para mantenerla actualizada y vigente. Con esta experiencia acumulada, en este que es su quinto año de operaciones, el programa avanza con solidez y con un acervo cada vez más amplio de herramientas creadas para apoyar el trabajo de sus actores (INAFED, 2018a, p.7).

La participación de los municipios en el año 2017 fue un hito importante al participar el 35.3% de los municipios del total nacional, considerando estados en los que participaron el 100% de los municipios que los integran, tal es el caso de Baja California, Hidalgo y Quintana Roo. En otros estados como Campeche, Guanajuato y Querétaro solo faltó uno de sus municipios para considerar el total de administraciones públicas municipales. Se destaca desde luego la participación de 153 Instituciones de Educación Superior, 1,026 enlaces municipales, 135 enlaces estatales y 1,827 verificadores (INAFED, 2018a).

En el año 2017 se registró un nivel histórico de participación al inscribirse de forma voluntaria al programa 1,164 municipios de 30 estados de la República Mexicana, siendo 863 gobiernos municipales los que concluyeron el proceso. Resultados validados por 153 Instituciones de Educación Superior a través de 1,827 verificadores y verificadoras (docentes, investigadores y estudiantes) (INAFED, 2018a, p.10-11).

Por otra parte, en el año 2018, se registraron de manera voluntaria al programa un total de 2,290 municipios de 28 entidades federativas, culminando el proceso 725 gobiernos municipales (INAFED, 2018b). La implementación de la Agenda ha contribuido a promover e impulsar una cultura de planeación y evaluación entre las autoridades locales por ser considerada como una herramienta que contribuye en la realización del trabajo diario de los funcionarios públicos.

A *grosso* modo, el programa «Agenda para el Desarrollo Municipal» es un instrumento diseñado por el Instituto Nacional para el Federalismo y el Desarrollo Municipal (INAFED), el cual funge como un instrumento de gestión para el desarrollo sustentable municipal en México.

El ADM está basado en un sistema de indicadores y objetivos comparables, con los cuales los municipios pueden realizar un diagnóstico de su gestión y de su desempeño; la Agenda permite obtener información de diversos rubros que sirve para reconocer áreas de oportunidad y emprender acciones de avance dirigidas a mejorar la calidad de vida de la población (INAFED, 2018a; INAFED, 2017a). Es solo a través de mediciones rigurosas como se puede asistir a los municipios en la detección de sus prioridades y que, de esta forma, puedan establecer metas concretas que se incorporen en sus respectivos planes de trabajo y desarrollo.

La Agenda se muestra como una guía para que la administración municipal pueda alcanzar mayores niveles de certeza y eficacia (INAFED, 2018a, INAFED, 2017a), su implementación ha logrado que se generen políticas públicas y ha permitido que se transformen leyes partiendo desde la esfera nacional, estatal y municipal; por añadidura, se considera que la ADM es una acción que deriva de la Política Pública del Gobierno Federal en relación de la evaluación, la transparencia, la descentralización y el desempeño gubernamental (Gobierno de la República, 2013 citado en Lizama, Piñar y Ortega, 2016).

## 1.5. Guía Consultiva de Desempeño Municipal (GDM)

La Guía Consultiva de Desempeño Municipal (GDM) es un nuevo instrumento de medición del quehacer de la administración pública municipal que se alinea con los Objetivos de la Agenda 2030, cuyo origen es la evaluación y el análisis realizado por profesores e investigadores sobre la metodología Agenda para el Desarrollo Municipal, la cual es definida como: (*véase* tabla 5)

Herramienta para la gestión administrativa, diseñada por el INAFED con el propósito de contribuir al fortalecimiento de los criterios para la adecuada toma de decisiones en los municipios de México, con la participación del gobierno federal, estatal y de instituciones de educación superior (INAFED, 2020).

| Tabla 5 | | | | |
|---|---|---|---|---|
| Indicadores de la GDM y la Agenda 2030 | | | | |
| | Indicadores | | | |
| Módulos | Gestión | Desempeño | Total | Objetivo de la Agenda 2030 para el desarrollo sostenible. |
| Organización | 12 | 8 | 20 | 16. Paz, justicia e instituciones sólidas. |
| Hacienda | 10 | 9 | 19 | |
| Gestión del territorio | 15 | 3 | 18 | 11. Ciudades y comunidades sostenibles. 13. Acción por el clima. |
| Servicios públicos | 8 | 11 | 19 | 11. Ciudades y comunidades sostenibles. 6. Agua limpia y saneamiento. |
| Medio ambiente | 10 | 1 | 11 | 13. Acción por el clima. 15. Vida de ecosistemas terrestres |
| Desarrollo social | 24 | 0 | 24 | 5. Igualdad de género. 10. Reducción de las desigualdades |
| Desarrollo económico | 10 | 2 | 12 | 8.Trabajo decente y crecimiento económico. |
| Gobierno abierto | 7 | 2 | 9 | 16. Paz, justicia e instituciones sólidas. |
| 8 Módulos | 96 | 36 | 132 | 8 Objetivos de la Agenda 2030 |

Fuente: Elaboración propia a partir de INAFED, 2021, p.7.

La GDM está integrada por ocho módulos: Organización, Hacienda, Gestión del territorio, Servicios públicos, Medio ambiente, Desarrollo social, Desarrollo económico y Gobierno abierto, los dos últimos son nuevos. Para medir dichos módulos se establecieron 132 indicadores, de los cuales 96 son de gestión y 36 de desempeño, los cuales impactan de forma directa e indirecta el cumplimiento de los objetivos de la Agenda 2030 para el desarrollo sostenible debido a que existe una fuerte vinculación con las Buenas prácticas municipales.

La implementación de la Guía Consultiva está vinculada con las Buenas Prácticas Municipales, ejercicio anual que tiene el objetivo de reconocer las mejores acciones generadas por las administraciones públicas municipales, tales como: programas, proyectos, estrategias, esquemas de prevención, políticas públicas, mecanismos de control o acciones estructuradas; y que, debido a sus características, así como sus resultados pueden ser replicadas en otros municipios (INAFED, 2021, p.8).

Para el reconocimiento de las Buenas Prácticas Municipales, el INAFED se vincula con otras instituciones públicas que dan legitimidad a los proyectos implementados por medio de un comité de evaluación. Las instituciones que lo integran son la Secretaría de Desarrollo Agrario, Territorial y Urbano (SEDATU), Facultad de Estudios Superiores Acatlán de la Universidad Nacional Autónoma de México (UNAM), Dirección de la agenda 2030 de la Presidencia, Unidad de Coordinación con Entidades Federativas (UCEF), de la Secretaría de Hacienda y Crédito Público, Instituto para el Desarrollo Técnico de las Haciendas Públicas (INDETEC) y el Instituto Nacional para el Federalismo y el Desarrollo Municipal (INAFED). Del 2019 al 2021 fueron reconocidas 13 acciones en el banco de Buenas Prácticas (INAFED, 2021a).

Es importante mencionar que los indicadores de gestión miden la capacidad de organización de la administración, lo cual se evidencia a través de documentos —medición cualitativa—; y los indicadores de desempeño miden los logros de las acciones realizadas, lo que se hace por medio de fórmulas preestablecidas en la GDM —datos cuantitativos—; mediante la articulación de la información obtenida se da credibilidad al funcionamiento de la administración pública municipal con apego a lo establecido en el artículo 115 Constitucional.

Dentro del proceso de evaluación municipal hay tres módulos obligatorios (Organización, Hacienda, Gobierno abierto), una de las bondades de la GDM es que si el municipio muestra interés en evaluarse y lo manifiesta, se evaluará solo en el módulo que elija de los cinco restantes —Gestión del territorio, Servicios públicos, Medio ambiente, Desarrollo social y Desarrollo económico—; si el resultado de la evaluación es «óptimo», el municipio será acreditado por el tiempo que le reste del periodo de gobierno. Cuando no se muestren los indicadores de desempeño en los módulos obligatorios, estos serán considerados como en «rezago» (INAFED, 2021b).

Cada uno de los avances del trabajo de la administración pública municipal se verá reflejado a través de indicadores de gestión y de desempeño por medio de una semaforización donde el color verde indica que se cuenta con todos los elementos, el amarillo muestra que los elementos están presentes de forma parcial y el rojo equivale a que no se tienen los elementos que se están requiriendo en la GDM (INAFED, 2021b).

En 2019, se implementó por primera vez la GDM en México. En Tamaulipas, solo 25 los municipios accedieron a participar. Esta herramienta para la evaluación de la administración pública municipal no es obligatoria, pero es una propuesta de medición que contribuye a la identificación de las áreas de oportunidad para mejorar el quehacer público municipal de acuerdo con establecido en el artículo 15 de la Constitución Política de los Estados Unidos Mexicanos, el cual impacta de forma directa e indirecta a ocho objetivos establecidos en la Agenda 2030 para el Desarrollo Sostenible.

Cada uno de los módulos tiene temas concretos a medir, tal como se muestra en la siguiente tabla: (*véase* tabla 6)

| Tabla 6 | |
| :---: | :---: |
| **Estructura de la Guía consultiva de Desempeño Municipal** | |
| Módulos | Temas |
| 1. Organización | Estructura, planeación, gestión interna, capacitación. |
| 2. Hacienda | Ingresos, egresos, deuda, patrimonio. |
| 3. Gestión del territorio | Planeación urbana, ordenamiento ecológico, protección civil, coordinación urbana. |
| 4. Servicios públicos | Marco normativo, diagnóstico, acciones, evaluación. |
| 5. Medio ambiente | Preservación del ambiente, cambio climático, servicios públicos sustentables. |
| 6. Desarrollo social | Educación, salud, grupos vulnerables, igualdad de género, juventud, deporte y recreación. |
| 7. Desarrollo económico | Mejora regulatoria, vocación productiva, fomento económico. |
| 8. Gobierno abierto | Transparencia, participación ciudadana, ética pública. |

Fuente. INAFED (2021a). Manual para la etapa de diagnóstico.

Una de las aportaciones que presenta la Guía Consultiva de Desempeño Municipal es que, en casi todos los módulos que la integran, se encuentran indicadores de desempeño —salvo en el módulo desarrollo social— lo que permite conocer de forma objetiva cómo impactan las acciones que realiza la administración municipal en el desarrollo del municipio y, por ende, en la calidad de vida de los habitantes. Otra contribución de esta Guía es que permite que cada municipio elija un módulo, considerado como opcional, para ser evaluado. Indiscutiblemente, cada uno de ellos elegirá el módulo que considere que se acerca más a la realidad que viven. Finalmente, define como módulos obligatorios aquellos que muestran indicadores —44 en total— que todo municipio debe cumplir porque pertenecen a la norma constitucional, de estos, 25 son de gestión y 19 de desempeño.

# 2. Evaluación de la Administración Municipal en Tamaulipas

## 2.1. Agenda para el Desempeño Municipal en Tamaulipas

El estado de Tamaulipas y sus municipios han participado en diversos procesos de evaluación y verificación; es preciso mencionar que algunos de sus municipios fueron evaluados con los lineamientos establecidos en la metodología de Agenda Desde lo Local promovida por el Instituto Nacional para el Federalismo y Desarrollo Municipal (INAFED) tal como se expresa en la tabla 7. (*véase* tabla 7)

| Tabla 7 ADL en Tamaulipas ||
|---|---|
| **Año** | **Municipio** |
| 2009 | Nuevo Laredo |
| 2010 | Nuevo Laredo |
| 2011 | Nuevo Laredo<br>Ciudad Madero<br>Matamoros<br>Reynosa<br>Valle Hermoso |
| 2012 | Nuevo Laredo<br>Ciudad Madero<br>Matamoros<br>Reynosa<br>Valle Hermoso |
| 2013 | Nuevo Laredo<br>Ciudad Madero<br>Reynosa<br>Valle Hermoso |

Fuente: Resultados históricos de Agenda desde lo Local 2004-2013

Esta metodología fue analizada por un grupo de expertos en diversos temas y, como resultado, se incluyeron temas que no habían sido considerados al inicio. El cambio de estructura y paradigma dio origen al programa Agenda para el Desarrollo Municipal en el año 2014, al respecto, la participación de los municipios de Tamaulipas se refleja en la tabla 8. (*véase* tabla 8)

| Tabla 8 Agenda para el Desarrollo Municipal | | | |
|---|---|---|---|
| Año | Municipio | Agenda evaluada | Instituciones verificadoras |
| | | Agenda básica / Agenda ampliada | |
| 2014 | Ciudad Madero | X        X | Colegio de Tamaulipas y Universidad Autónoma de Tamaulipas |
| | Matamoros | X        X | |
| | Nuevo Laredo | X        X | |
| | Reynosa | X        X | |
| | Victoria | X        X | |
| | González | X        — | |
| 2015 | Ciudad Madero | X        X | Colegio de Tamaulipas y Universidad Autónoma de Tamaulipas |
| | Matamoros | X        X | |
| | Nuevo Laredo | X        X | |
| | Valle Hermoso | X        — | |
| | Victoria | X        X | |
| 2016 | Ciudad Madero | X        X | Colegio de Tamaulipas y Universidad Autónoma de Tamaulipas |
| | Matamoros | X        X | |
| | Nuevo Laredo | X        X | |
| | Victoria | X        X | |
| 2017 | Abasolo | X        — | Universidad Autónoma de Tamaulipas, Universidad Tecnológica de Altamira, Universidad Tecnológica de Nuevo Laredo, Colegio de Tamaulipas, Instituto de Estudios Superiores de Tamaulipas (IEST-ANAHUAC). |
| | Altamira | X        X | |
| | Ciudad Madero | X        X | |
| | El Mante | X        — | |
| | Matamoros | X        X | |
| | Nuevo Laredo | X        — | |
| | Reynosa | X        X | |
| | Río Bravo | X        — | |
| | Tampico | X        X | |
| | Valle Hermoso | X        X | |
| | Victoria | X        X | |

| Tabla 8 | | | |
|---------|---|---|---|
| Agenda para el Desarrollo Municipal | | | |
| Año | Municipio | Agenda evaluada | Instituciones verificadoras |
| | | Agenda básica / Agenda ampliada | |
| 2018 | Altamira | X  X | Universidad Autónoma de |
| | Ciudad Madero | X  X | Tamaulipas, Universidad |
| | El Mante | X  X | Tecnológica de Altamira, |
| | Matamoros | X  X | Universidad Politécnica |
| | Nuevo Laredo | X  — | de Altamira, Universidad |
| | Reynosa | X  X | Tecnológica de Nuevo |
| | Río Bravo | X  — | Laredo, Instituto |
| | San Fernando | X  — | Universitario Abraham |
| | Tampico | X  X | Lincoln, Colegio de |
| | Victoria | X  X | Tamaulipas, Instituto de Estudios Superiores de Tamaulipas. |

Fuente: Elaboración propia a partir de INAFED 2014, 2015, 2016, 2017b, 2018c

Como se puede apreciar, el programa ADM tuvo poca aceptación por lo que hubo poca participación de los municipios, así que en el año 2016 solo decidieron participar cuatro ayuntamientos. Es importante mencionar que no fue obligatoria la implementación de dicho programa, solo se apeló a la disposición de los municipios considerando que era una herramienta que facilitaba la toma de decisiones de contribución al desarrollo municipal y sin costo económico para la verificación.

No cabe duda que el beneficio que traía consigo la aplicación de la ADM era mayor que el costo, pero se visualizó como un mecanismo para evidenciar el «mal» desempeño de las administraciones públicas municipales, los problemas y las limitaciones que se tenían territorialmente, sin considerar la posibilidad de que fueran «males compartidos» y que el Instituto Nacional para el Federalismo, el Desarrollo Municipal de la Secretaría de Gobernación en México tuviera conocimiento de ello, dicho tema se abordará más adelante.

En el año 2017, la Secretaría General de Gobierno y la Subsecretaría de Gobierno en Tamaulipas, a través de la Dirección de Desarrollo y Fortalecimiento Municipal —bajo la asesoría, lineamientos y metodología aportados por el INAFED— promovieron intensamente entre los ayuntamientos de Tamaulipas la cultura de la evaluación como un mecanismo para la mejora continua, la transparencia y la rendición de cuentas.

La decisión de participar en el programa de Agenda para el Desarrollo Municipal Tamaulipas 2017 (ADMT 2017) fue responsabilidad de las autoridades locales. Sin embargo, la Secretaría de Gobierno hizo la difusión del programa, y lo promovió como una estrategia para contribuir en la transparencia del funcionamiento de la administración pública municipal y a la mejora continua de sus procesos en el cumplimiento de las atribuciones conferidas en el artículo 115 de la Constitución Política de los Estados Unidos Mexicanos.

Por su parte, el Enlace estatal para la ADMT —en coordinación con los Ayuntamientos—, a fin de encuadrar los trabajos de los municipios de Tamaulipas con la Agenda Nacional, dispuso que el proceso de verificación se realizaría en el mes de agosto del mismo año.

De los veinticinco municipios que originalmente expresaron su intención de participar, trece completaron su autoevaluación y se inscribieron para participar en la Agenda programada para el mes de agosto, que a saber son: Abasolo, Altamira, Burgos, Madero, Mante, Matamoros, Nuevo Laredo, Reynosa, Río Bravo, San Fernando, Ciudad Madero, El Mante Tampico, Valle Hermoso, y Victoria. Finalmente, solo participaron once. Burgos y San Fernando no fueron verificados porque ellos cancelaron en el último momento. Sus administraciones publicas comprendieron el periodo 2016-2018.

La Universidad Autónoma de Tamaulipas (UAT) fue distinguida para participar como Coordinador Académico del programa Agenda para el Desarrollo Municipal Tamaulipas 2017. El Centro de Desarrollo Municipal (CEDEMUN) coordinó directamente los trabajos de capacitación para 103 académicos de cinco Instituciones de Educación Superior invitadas a participar como instancias verificadoras del programa ADM. La respuesta a dicha convocatoria fue muy positiva.(*véase* tabla 9)

| Tabla 9 | |
|---|---|
| Universidades evaluadoras | |
| Institución de Educación Superior | Catedráticos capacitados |
| Colegio de Tamaulipas | 1 |
| Instituto de Estudios Superiores de Tamaulipas (IEST-ANAHUAC) | 9 |
| Universidad Tecnológica de Altamira | 9 |
| Universidad Tecnológica de Nuevo Laredo | 4 |
| Universidad Autónoma de Tamaulipas | 80 |
| | Total: 103 |

Fuente: Elaboración propia

Todos los catedráticos e investigadores de las instituciones educativas interesados en participar tomaron dos capacitaciones con la finalidad de conocer la ADM y el rol de su participación en el proceso de verificación.

Se impartieron dos capacitaciones con facilitadores del INAFED, el Mtro. Ernesto Rodríguez Sáenz, Director de Enlaces con Estados y Municipios y el Mtro. Agustín Herrera Berthely, Subdirector de Relaciones Internacionales fueron los encargados de trabajar los contenidos de la ADM, mostrar formatos para su llenado, y explicar el rol de los participantes.

Dichas capacitaciones se realizaron los días:

- 14 de junio desde Ciudad Victoria.
- 31 de julio desde Tampico en forma presencial.

Cabe señalar que, con la finalidad de optimizar los gastos de traslado de los profesores de las instituciones educativas participantes, la UAT puso a disposición su infraestructura y tecnología para trabajar de forma simultánea a través de videoconferencia en doce sedes, logrando una cobertura amplia en el estado, tal como se expresa en la tabla 10: (*véase* tabla 10)

| N° | Municipio | Sede |
|---|---|---|
| | Tabla 10 Sedes de transmisión | |
| 1 | Nuevo Laredo | Facultad de Comercio, Administración y Ciencias Sociales de la UAT |
| 2 | Camargo | Unidad Académica de Educación Permanente (UNAEP) UAT - Camargo |
| 3 | Reynosa | Unidad Académica Multidisciplinaria Reynosa Rodhe de la UAT |
| 4 | Río Bravo | Unidad Académica Multidisciplinaria de Río Bravo de la UAT |
| 5 | Valle Hermoso | Unidad Académica de Educación Permanente (UNAEP) UAT - Valle Hermoso |
| 6 | Matamoros | Unidad Académica Multidisciplinaria Matamoros - UAT |
| 7 | San Fernando | Unidad Académica de Educación Permanente (UNAEP) UAT - San Fernando |
| 8 | Soto La Marina | Unidad Académica de Educación Permanente (UNAEP) UAT - Soto La Marina |
| 9 | Victoria | Centro de Excelencia de la UAT |
| 10 | Tula | Unidad Académica de Educación Permanente (UNAEP) UAT - Tula |
| 11 | Estación Manuel | Unidad Académica de Educación Permanente (UNAEP) UAT - Estación Manuel |
| 12 | Tampico | Facultad de Arquitectura, Diseño y Urbanismo de la UAT |

Fuente: Elaboración propia.

Es destacable que dicha promoción fue robustecida con cursos intensivos de capacitación para servidores públicos municipales impartidos por personal del INAFED realizados en distintas fechas, teniendo como sedes regionales a Victoria y Tampico.

## 2.2. Del proceso de verificación

En el proceso de verificación de la administración pública municipal, a través del programa Agenda para el Desarrollo Municipal promovido por el

Instituto Nacional para el Federalismo y Desarrollo Municipal (INAFED) se trabajó de la siguiente manera:

a) Hubo un proceso de selección de los profesores, considerando, en primer lugar, que hubieran participado en las dos sesiones de capacitación realizadas.

b) Se realizó la distribución de los municipios considerando los perfiles de los profesores y la participación de todas las universidades.

c) Se consideró que el lugar de origen de los profesores estuviera cerca de los municipios a verificar.

d) Se integraron equipos multidisciplinarios de seis a nueve verificadores —excepto el equipo que acudió al municipio de Abasolo, que fue de tres verificadores—. El número de verificadores convocados dependió de la cantidad de indicadores atendidos por parte de los municipios en su autoestudio.

e) Se nombró un profesor como Coordinador-Verificador, con la finalidad de que asumiera el liderazgo durante el proceso de verificación y, en caso de que se presentara, atender cualquier controversia en los mejores términos.

f) Se enviaron oficios de invitación a todos los profesores, en el cual se indicaba el día, la hora y el municipio a verificar.

g) Se elaboraron oficios de presentación dirigidos a los presidentes municipales para informar los nombres y perfiles de los integrantes del equipo de verificación. Cabe hacer mención que hubo la necesidad de hacer cambios de verificadores de última hora, debido a compromisos institucionales establecidos por ellos con antelación y el inicio de clases. (*véase* tabla 11)

| Tabla 11 Municipios verificados | | | |
|---|---|---|---|
| Municipio | Agenda evaluada | | Instituciones verificadoras |
| | Agenda básica | Agenda ampliada | |
| Tampico | X | X | Universidad Autónoma de Tamaulipas Universidad Tecnológica de Altamira Instituto de Estudios Superiores de Tamaulipas (IEST-ANAHUAC) |

| Tabla 11 Municipios verificados | | |
|---|---|---|
| **Municipio** | **Agenda evaluada** | **Instituciones verificadoras** |
| | Agenda básica | Agenda ampliada | |

| Municipio | Agenda básica | Agenda ampliada | Instituciones verificadoras |
|---|---|---|---|
| El Mante | X | — | Universidad Autónoma de Tamaulipas Universidad Tecnológica de Altamira |
| Abasolo | X | — | Universidad Autónoma de Tamaulipas |
| Altamira | X | X | Universidad Autónoma de Tamaulipas Universidad Tecnológica de Altamira Instituto de Estudios Superiores de Tamaulipas (IEST-ANAHUAC) |
| Ciudad Madero | X | X | Universidad Autónoma de Tamaulipas Universidad Tecnológica de Altamira Instituto de Estudios Superiores de Tamaulipas (IEST-ANAHUAC) |
| Matamoros | X | X | Universidad Autónoma de Tamaulipas |
| Valle Hermoso | X | X | Universidad Autónoma de Tamaulipas Colegio de Tamaulipas |
| Río Bravo | X | — | Universidad Autónoma de Tamaulipas Colegio de Tamaulipas |
| Reynosa | X | X | Universidad Autónoma de Tamaulipas Colegio de Tamaulipas |
| Nuevo Laredo | X | — | Universidad Autónoma de Tamaulipas Universidad Tecnológica de Nuevo Laredo |
| Victoria | X | X | Universidad Autónoma de Tamaulipas Colegio de Tamaulipas |

Fuente: Elaboración propia a partir de INAFED, 2017b.

Fueron examinadas las evidencias presentadas por más de doscientos funcionarios públicos de los once municipios y por 59 verificadores. Se hace mención de que aunque el trabajo necesitaba de la participación de ochenta académicos, solo participaron 59, ya que algunos verificadores tuvieron participación hasta en dos municipios debido a su cercanía en distancia y/o a su disposición de horarios. Todos los demás fueron invitados a participar en las siguientes verificaciones: (*véase* tabla 12)

| Nº | Universidades e Instituciones de Educación Superior | Municipios | Verificadores | Capacitados |
|----|----|----|----|----|
| | **Tabla 12** | | | |
| | **Distribución de verificadores por universidad y municipio** | | | |
| 1 | Universidad Tecnológica de Nuevo Laredo | Nuevo Laredo | 4 | 4 |
| 2 | Universidad Tecnológica de Altamira | Tampico | 2 | 9 |
| | | Mante | 2 | |
| | | Altamira | 4 | |
| | | Madero | 2 | |
| 3 | Instituto de Estudios Superiores de Tamaulipas (IEST - ANAHUAC) | Tampico | 2 | 9 |
| | | Altamira | 2 | |
| | | Madero | 2 | |
| 4 | Colegio de Tamaulipas | Valle Hermoso | 1 | 1 |
| | | Río Bravo | 1 | |
| | | Reynosa | 1 | |
| | | Victoria | 1 | |
| 5 | Universidad Autónoma de Tamaulipas | Tampico | 4 | 80 |
| | | Mante | 5 | |
| | | Abasolo | 3 | |
| | | Altamira | 3 | |
| | | Ciudad Madero | 5 | |
| | | Matamoros | 8 | |
| | | Valle Hermoso | 5 | |
| | | Río Bravo | 7 | |
| | | Reynosa | 6 | |
| | | Nuevo Laredo | 3 | |
| | | Victoria | 7 | |
| | | Total | 80 | 103 |

Fuente: Elaboración propia

En el año 2018, nuevamente se realizó en Tamaulipas todo el proceso de difusión para motivar a los presidentes municipales y cabildos a registrarse en el programa Agenda para el Desarrollo Municipal. En ese año participaron los municipios de: Altamira, Ciudad Madero, El Mante, Matamoros, Nuevo Laredo, Reynosa, Río Bravo, San Fernando, Tampico y Victoria; con excepción de San Fernando todos los municipios habían participado el año anterior.

En 2018 participaron siete instituciones de Educación Superior públicas y privadas: Universidad Autónoma de Tamaulipas, Universidad Tecnológica de Altamira, Universidad Politécnica de Altamira, Universidad Tecnológica de Nuevo Laredo, Instituto Universitario Abraham Lincoln, Colegio de Tamaulipas y el Instituto de Estudios Superiores de Tamaulipas (INAFED, 2018c).

Se brindó una capacitación de forma presencial en Tampico, Tamaulipas, al mismo tiempo que se transmitía por videoconferencia a las diversas sedes de la Universidad Autónoma de Tamaulipas, distribuidas a lo largo y ancho del estado. A éstas acudieron 120 académicos e investigadores, 2 alumnos y 30 funcionarios del gobierno municipal y estatal de las instituciones participantes, siendo un total de 152 personas capacitados, de los cuales 99 participaron en el proceso de verificación —verificadores y observadores—.

Como se puede apreciar en los años 2017 y 2018 se incrementó la participación de los municipios de Tamaulipas en comparación con los años 2014, 2015 y 2016; pero aun así representan sólo el 25% del total de participación estatal.

Lo importante de estos procesos de autoevaluación-verificación es identificar e intervenir en las áreas de oportunidad para los gobiernos municipales, para los gobiernos estatales durante la aprobación de recursos económicos y para las universidades, porque recordemos que éstas son las formadoras del capital humano y toda la oferta educativa debe estar en función de las necesidades de los entornos locales, estatales y federales. En este sentido se analiza la situación de cada uno de los municipios verificados durante los años 2017 y 2018.

## 2.3. Guía Consultiva de Desempeño Municipal en Tamaulipas

En el año 2019 se dio inicio al proceso de evaluación de los municipios de Tamaulipas bajo los lineamientos de la Guía Consultiva de Desempeño Municipal, en esta ocasión, los municipios que decidieron evaluarse fueron 25 de los 43 que integran el estado, los cuales representan el 58.14%. En este proceso participaron catedráticos de seis universidades públicas y privadas, tal como se aprecia en la tabla 13. (*véase* tabla 13)

Es importante señalar que en ese año fueron evaluados los módulos uno y dos, denominados Organización y Hacienda, los cuales suman 36 indicadores —19 de gestión y 17 de desempeño— que son obligatorios.

| Tabla 13 GDM en Tamaulipas 2019 | | | |
|---|---|---|---|
| Municipio | Cantidad de indicadores en **óptimo** | Resultado | Institución de Educación Superior |
| Aldama | 13 | 35.1% | Colegio de Tamaulipas y Universidad Tecnológica de Altamira |
| Altamira | 29 | 72.5% | Universidad Politécnica de Altamira e Instituto de Estudios Superiores de Tamaulipas |
| Bustamante | 9 | 24.3% | Universidad Autónoma de Tamaulipas |
| Ciudad Madero | 19 | 51.4% | Universidad Politécnica de Altamira |
| El Mante | 21 | 56.8% | Universidad Autónoma de Tamaulipas |
| Gómez Farías | 6 | 16.2% | El Colegio de Tamaulipas |
| González | 13 | 35.1% | Instituto de Estudios Superiores de Tamaulipas |
| Gustavo Díaz Ordaz | 13 | 35.1% | Instituto de Estudios Superiores de Tamaulipas |
| Jiménez | 6 | 16.2% | Universidad Autónoma de Tamaulipas |
| Llera | 13 | 36.1% | Universidad Tecnológica de Altamira |
| Matamoros | 25 | 69.4% | Universidad Autónoma de Tamaulipas |

| Tabla 13 GDM en Tamaulipas 2019 | | | |
|---|---|---|---|
| Municipio | Cantidad de indicadores en **óptimo** | Resultado | Institución de Educación Superior |
| Méndez | 11 | 29.7% | Universidad Autónoma de Tamaulipas |
| Miguel Alemán | 23 | 62.2% | Universidad Autónoma de Tamaulipas |
| Nuevo Laredo | 34 | 85.0% | Universidad Tecnológica de Nuevo Laredo |
| Ocampo | 4 | 10.8% | Universidad Autónoma de Tamaulipas |
| Reynosa | 32 | 80.0% | Universidad Autónoma de Tamaulipas |
| Río Bravo | 27 | 73.0% | Universidad Autónoma de Tamaulipas |
| San Fernando | 20 | 55.6% | Universidad Autónoma de Tamaulipas |
| San Nicolás | 8 | 20% | Universidad Autónoma de Tamaulipas y el Colegio de Tamaulipas |
| Soto La Marina | 20 | 54.1% | Colegio de Tamaulipas y Universidad Autónoma de Tamaulipas |
| Tampico | 21 | 52.5% | Universidad Autónoma de Tamaulipas y Universidad Tecnológica de Altamira |
| Tula | 12 | 30.0% | Universidad Autónoma de Tamaulipas y el Colegio de Tamaulipas |
| Valle Hermoso | 15 | 41.7% | Universidad Autónoma de Tamaulipas |
| Victoria | 26 | 66.7% | El Colegio de Tamaulipas |
| Xicoténcatl | 6 | 15% | Universidad Autónoma de Tamaulipas |

Fuente: INAFED (2020). Consulta de los Resultados de la Guía Consultiva de Desempeño Municipal 2019[3].

---

3    Documento recuperado en: https://www.gob.mx/inafed/acciones-y-programas/resultados-de-la-guia-consultiva-de-desempeno-municipal-2019

En el año 2020, decidieron evaluarse solo veinte municipios de Tamaulipas, es decir, cinco menos que en el año 2019. Cabe hacer mención que la Guía Consultiva de Desempeño Municipal enfatiza que tres módulos a evaluar tienen carácter obligatorio, estos son:

a.   Organización, que se compone por 17 indicadores, de los cuales diez son de gestión y siete, de desempeño;
b.   Hacienda cuenta con 19 indicadores, divididos en nueve de gestión y diez de desempeño; y
c.   Gobierno abierto, compuesto por ocho indicadores divididos en seis de gestión y dos de desempeño).

Los cinco módulos restantes son opcionales para los municipios; en este sentido, Méndez y San Nicolás optaron por evaluar el módulo seis que corresponde a Desarrollo Social y solo El Mante, Gustavo Díaz Ordaz y Nuevo Laredo decidieron evaluar todos los módulos que integran la GDM 2020, tal como se expresa en la tabla 14. (*véase* tabla 14)

De los municipios que evaluaron todos los módulos de la GDM, los avances porcentuales más significativos los presentó Nuevo Laredo con el 85.9%. Respecto de los municipios que evaluaron los módulos obligatorios los resultados más relevantes los obtuvo Reynosa con 87.2%; el resultado más bajo lo presentó Jiménez con el 4.4%.

| Tabla 14 GDM en Tamaulipas 2020 | | | |
|---|---|---|---|
| Municipio | Módulos | Avance | Institución de Educación Superior |
| Altamira | 1,2,8 | 75.6% | Universidad Autónoma de Tamaulipas |
| Ciudad Madero | 1,2,8 | 63.6% | Instituto de Estudios Superiores de Tamaulipas |
| El Mante | 1,2,8,3,4,5,6,7 | 39.3% | Universidad Tecnológica de Altamira |
| Gómez Farías | 1,2,8 | 24.4% | El Colegio de Tamaulipas |
| González | 1,2,8 | 37.8% | Universidad Tecnológica de Altamira |

| Tabla 14 GDM en Tamaulipas 2020 | | | |
|---|---|---|---|
| Municipio | Módulos | Avance | Institución de Educación Superior |
| Gustavo Díaz Ordaz | 1,2,8,3,4,5,6,7 | 9.3% | Universidad Tecnológica de Altamira |
| Jiménez | 1,2,8 | 4.4% | Instituto de Estudios Superiores de Tamaulipas |
| Llera | 1,2,8 | 29.5% | Universidad Tecnológica de Nuevo Laredo |
| Matamoros | 1,2,8 | 63.6% | Universidad Autónoma de Tamaulipas |
| Méndez | 1,2,8,6 | 13.2% | El Colegio de Tamaulipas |
| Miguel Alemán | 1,2,8 | 64.4% | Instituto de Estudios Superiores de Tamaulipas |
| Nuevo Laredo | 1,2,8,3,4,5,6,7 | 85.9% | Instituto de Estudios Superiores de Tamaulipas |
| Reynosa | 1,2,8 | 87.2% | Universidad Tecnológica de Altamira |
| Río Bravo | 1,2,8 | 68.2% | Universidad Autónoma de Tamaulipas |
| San Fernando | 1,2,8 | 53.3% | El Colegio de Tamaulipas |
| San Nicolás | 1,2,8,6 | 11.1% | Universidad Tecnológica de Altamira |
| Tampico | 1,2,8 | 68.1% | Universidad Tecnológica de Nuevo Laredo |
| Valle Hermoso | 1,2,8 | 64.4% | Universidad Autónoma de Tamaulipas |
| Victoria | 1,2,8 | 64.6% | Universidad Autónoma de Tamaulipas |
| Xicoténcatl | 1,2,8 | 44.4% | El Colegio de Tamaulipas |

Fuente: INAFED (2021c). Consulta de los Resultados de la Guía Consultiva de Desempeño Municipal 2020 Resultados de participación[4].

---

4    Documento recuperado en: https://www.gob.mx/cms/uploads/attachment/file/606983/Reporte_Resultados_GDM_2020_ok.pdf

# 3. Agenda 2030 para el Desarrollo Sostenible

## 3.1. Antecedentes

El lento crecimiento económico mundial, la degradación ambiental y las desigualdades sociales son problemas notorios de nuestra realidad actual, presentándose a su vez como desafíos para la comunidad internacional (CEPAL, 2018). A raíz de esto, la opción de continuar con los mismos patrones de producción y consumo ya no es viable, por lo que debemos cambiar el paradigma del desarrollo dominante por uno de desarrollo sustentable, inclusivo y con visión glocal.

Puntualmente, esto es más necesario en la región de América Latina y el Caribe donde sus países presentan mayores niveles de desigualdad social y económica en el mundo (CEPAL, 2018).

Es importante mencionar que la desigualdad existe en todo el mundo y es considerada como una limitante para que las regiones puedan alcanzar su máximo potencial de desarrollo. Estas brechas son estructurales y refieren la escasa productividad y una infraestructura deficiente; segregación y rezagos en la calidad de los servicios de salud y educación; brechas de género y desigualdades territoriales (CEPAL, 2018).

Frente a los desafíos mencionados anteriormente, los 193 Estados Miembros de las Naciones Unidas, junto con la sociedad civil, el sector privado y el mundo académico, establecieron un proceso de negociación abierto, democrático y participativo, dando como resultado la proclamación de la Agenda 2030 para el Desarrollo Sostenible, con sus Objetivos de Desarrollo Sostenible (CEPAL, 2018). En ese tenor, la Asamblea General de las Naciones Unidas aprobó en septiembre de 2015 la Agenda 2030 para el Desarrollo Sostenible, la cual con una visión transformadora hacia la sostenibilidad económica, social y ambiental establece una guía de referencia para trabajar conforme a esta visión durante los próximos quince años (CEPAL, 2018).

Acorde con la Asamblea General (2015) la Agenda 2030 es:

Un plan de acción en favor de las personas, el planeta y la prosperidad. También tiene por objeto fortalecer la paz universal dentro de un concepto más amplio de la libertad. Reconocemos que la erradicación de la pobreza en todas sus formas y dimensiones, incluida la pobreza extrema, es el mayor desafío a que se enfrenta el mundo y constituye un requisito indispensable para el desarrollo sostenible. Este plan será implementado por todos los países y partes interesadas mediante una alianza de colaboración. Estamos resueltos a liberar a la humanidad de la tiranía de la pobreza y las privaciones y a sanar y proteger nuestro planeta. Estamos decididos a tomar las medidas audaces y transformativas que se necesitan urgentemente para reconducir al mundo por el camino de la sostenibilidad y la resiliencia (p.1-2).

La visión ambiciosa y transformativa que posee la Agenda 2030 aspira a un mundo sin pobreza, hambre, enfermedades ni privaciones, donde no exista el temor ni la violencia. Un mundo próspero donde la alfabetización sea universal; donde todos tengan acceso expedito y equitativo a una educación de calidad en todos los niveles, a la atención médica y a la protección social; un mundo donde se garantice el bienestar mental, físico y social, el derecho humano al agua potable y al saneamiento, donde exista una mejor higiene y donde no falten los alimentos.

Asimismo, se aspira a un mundo donde el respeto a los derechos humanos y a la dignidad de las personas, al estado de derecho, la justicia, la igualdad y la no discriminación sean universales; donde cada país disfrute de un crecimiento económico sostenido, inclusivo y sostenible, que el desarrollo y la aplicación de las tecnologías respeten el medio ambiente y la biodiversidad, y se viva en armonía con la naturaleza (Asamblea General, 2015).

Esta guía pretende atender temas altamente prioritarios para las regiones de América Latina y el Caribe, como la erradicación de la pobreza extrema, la reducción de la desigualdad en todas sus dimensiones, el crecimiento económico inclusivo con trabajo decente para todos, reducción del cambio climático y ciudades sostenibles, entre otros (CEPAL, 2018).

La Agenda 2030 es una agenda que coloca en el centro la dignidad y la igualdad de todas las personas. Al ser una guía visionaria y ambiciosa, para su implementación necesita de la participación de todos los sectores de la sociedad y del Estado, por ello se hace la invitación a los representantes de los Gobiernos, la sociedad civil, el ámbito académico y el sector privado a apropiarse, debatir y utilizar dicha agenda como una herramienta para la creación de sociedades más justas e inclusivas al servicio de la sociedad actual y de las futuras generaciones (CEPAL, 2018).

Esta agenda es un compromiso universal apropiado, tanto por países desarrollados como en vías de desarrollo, tomando en cuenta medios de implementación para realizar cambios oportunos y prevenir desastres por eventos naturales extremos, además de la mitigación y la adaptación al cambio climático (CEPAL, 2018).

### 3.2. Dimensiones de la Agenda 2030 para el Desarrollo Sostenible

Acorde con la Organización Internacional del Trabajo (OIT, 2017), los orígenes de este nuevo marco internacional derivan de la convergencia de dos procesos mundiales complementarios. El primero, la Declaración de la Cumbre del Milenio y los Objetivos de Desarrollo del Milenio (ODM) y el segundo, las sucesivas Conferencias de la ONU sobre el medio ambiente. En ese tenor, en el año 2000, las Naciones Unidas adoptaron los ODM como el principal marco para el desarrollo internacional, en ese sentido se adoptó un conjunto de ocho objetivos que tenían como plazo para su cumplimiento el año 2015; pero debido a su acercamiento, se demandó un marco post 2015 (OIT, 2017).

Paralelamente a ese proceso, la Conferencia de las Naciones Unidas sobre Desarrollo Sostenible, declaró en su documento final que la formulación de los objetivos podría ser útil para la puesta en marcha de medidas concretas y coherentes para el desarrollo sostenible (OIT, 2017).

La Agenda 2030 se basa en cinco dimensiones conocidas como las 5P, las cuales son:

1. *Personas,* que consiste en poner fin a la pobreza y el hambre, así como velar para que todos los seres humanos puedan explotar su potencial con dignidad e igualdad en un medio ambiente saludable;

2. *Planeta,* que hace un llamado a proteger el planeta contra la degradación, mediante un consumo, una producción y una gestión de los recursos naturales sostenible, y a tomar medidas para frenar el cambio climático;

3. *Prosperidad,* que alude a conseguir que todos los seres humanos puedan disfrutar de una vida próspera y plena, y que el progreso económico, social y tecnológico se produzca en armonía con la naturaleza;

4. *Paz,* para alcanzar sociedades pacíficas, justas e inclusivas que estén libres del temor y la violencia; y

5. *Participación colectiva,* para movilizar los medios necesarios para implementar la Agenda 2030 mediante una alianza basada en la solidaridad y centrada en las necesidades de los más vulnerables (Iberdrola, 2022).

### 3.3. Componentes clave de la Agenda 2030 para el Desarrollo Sostenible

La Agenda 2030 para el Desarrollo Sostenible cuenta con seis componentes clave los cuales son:

- Una Declaración;
- los 17 Objetivos de Desarrollo Sostenible;
- un conjunto de 169 Metas vinculadas a cada objetivo;
- un conjunto de Indicadores ligados a cada meta para medir el progreso en la implementación;
- los Medios de implementación de la Agenda; y por último,
- un componente de Seguimiento y examen (OIT, 2017).

### 3.3.1. Primer componente

Respecto de la Declaración, en ella los Jefes del Estado y del Gobierno se comprometieron a alcanzar el desarrollo sostenible en sus tres dimensiones —económica, social y ambiental—, esto de manera equilibrada e integrada. Dicha Declaración tiene su sustento en la nueva Agenda en principios y compromisos compartidos propuestos en la Carta de las Naciones Unidas, en la Declaración Universal de los Derechos Humanos, en la Declaración del Milenio, el Documento Final de la Cumbre Mundial 2005, la Declaración sobre el Derecho al Desarrollo, en los tratados internacionales sobre derechos humanos y en todas las grandes conferencias de las Naciones Unidas (OIT, 2017).

### 3.3.2. Segundo componente

En cuanto al segundo componente de la Agenda 2030 para el Desarrollo Sostenible, alude a los Objetivos de Desarrollo Sostenible (ODS), los cuales son una herramienta de planificación y seguimiento para los países tanto a nivel nacional como local. Debido a su visión a largo plazo, constituyen un apoyo para cada país en su camino hacia la sostenibilidad, inclusividad y armonía con el medio ambiente por medio de políticas públicas e instrumentos para su monitoreo y evaluación (OIT, 2017; CEPAL, 2018). Dichos objetivos apuntan entre otras cosas:

> A poner fin a la pobreza y el hambre en todo el mundo [...], a combatir las desigualdades dentro de los países y entre ellos, a construir sociedades pacíficas e inclusivas, a proteger los derechos humanos y promover la igualdad de género y el empoderamiento de las mujeres y las niñas, y a garantizar una protección duradera del planeta y sus recursos naturales [...], a crear las condiciones necesarias para un crecimiento económico sostenible, inclusivo y sostenido, una prosperidad compartida y el trabajo decente para todos, teniendo en cuenta los diferentes niveles nacionales de desarrollo y capacidad (OIT, 2017, p.8).

Los ODS son vistos como integrados e indivisibles que reflejan las tres dimensiones del desarrollo sostenible. Acorde con la OIT (2017), CEPAL (2018) e Iberdrola (2022.), a continuación, se enuncian dichos objetivos:

- ODS 1. Fin de la pobreza: Erradicar la pobreza extrema en el mundo, medida actualmente por un ingreso, por persona, inferior a 1.25 dólares al día.
- ODS 2. Hambre cero: Poner fin al hambre y asegurar el acceso de todos a una alimentación sana y nutritiva.

- ODS 3. Salud y bienestar: Garantizar una vida sana y promover el bienestar a todas las edades.
- ODS 4. Educación de calidad: Garantizar una educación inclusiva, equitativa y de calidad y promover oportunidades de aprendizaje durante toda la vida.
- ODS 5. Igualdad de género: Lograr la igualdad entre géneros y empoderar a mujeres y niñas.
- ODS 6. Agua limpia y saneamiento: Lograr el acceso universal y equitativo al agua potable a un precio asequible.
- ODS 7. Energía asequible y no contaminante: Garantizar el acceso a energía asequible, segura, sostenible y moderna, y velar por la transición energética.
- ODS 8. Trabajo decente y crecimiento económico: Promover un crecimiento económico inclusivo y sostenible, así como trabajo decente para todos.
- ODS 9. Industria, innovación e infraestructuras: Construir infraestructuras resilientes, promover una industrialización sostenible y fomentar la innovación.
- ODS 10. Reducción de las desigualdades: Reducir la desigualdad en y entre los países, manteniendo el crecimiento de los ingresos del 40% de la población más pobre en una tasa superior a la media nacional.
- ODS 11. Ciudades y comunidades sostenibles: Asegurar el acceso de todos a viviendas y servicios básicos adecuados, seguros y asequibles, y mejorar los barrios marginales.
- ODS 12. Producción y consumo responsables: Garantizar modalidades de consumo y producción sostenibles.
- ODS 13. Acción por el clima: Adoptar medidas urgentes para combatir el cambio climático y sus efectos.
- ODS 14. Vida submarina: Conservar y utilizar sosteniblemente los océanos, los mares y los recursos marinos.
- ODS 15. Vida de ecosistemas terrestres: Gestionar sosteniblemente los bosques, luchar contra la desertificación y detener e invertir la degradación de las tierras y la pérdida de biodiversidad.
- ODS 16. Paz, justicia e instituciones sólidas: Promover sociedades justas, pacíficas e inclusivas.
- ODS 17. Alianzas para lograr los Objetivos: Revitalizar la Alianza Mundial para el Desarrollo Sostenible.

### 3.3.3. Tercero, cuarto, quinto y sexto componentes

Respecto del tercer componente —las 169 metas, en cada objetivo mundial mencionado con antelación—, hay un conjunto de metas conexas, las cuales son de aspiración mundial y que pretenden contribuir al alcance de los ODS.

El cuarto componente, identificado como Indicadores, acompaña a los ODS y a las metas y se centra en resultados mensurables, estos son orientados a la acción y son universalmente aplicables. Los indicadores permiten medir el progreso en el alcance de las metas y, por ende, sirven para la preparación de los informes anuales sobre los ODS.

El quinto componente se refiere a los Medios de implementación y abarca las finanzas, la tecnología y la creación de capacidad. Algunos de los elementos de este componente están centrados en las siguientes esferas:

- Estrategias de desarrollo sostenible apropiadas nacionalmente;
- financiamiento público internacional;
- actividad empresarial privada como impulsor del crecimiento inclusivo y la creación de empleo;
- el comercio internacional como un motor para el crecimiento inclusivo y la reducción de la pobreza; y
- sostenibilidad de la deuda a largo plazo, entre otros.

Para finalizar, el sexto componente se refiere al Seguimiento y examen, ya que la Agenda 2030 está comprometida a un examen sistemático de su implementación a lo largo de los próximos quince años a partir de su creación. El seguimiento y el examen se efectuará a nivel nacional, regional e internacional. Se encuentran orientados por un conjunto de principios tales como:

- Ser de carácter voluntario liderado por los países respetando márgenes normativos y prioridades de cada país;
- abiertos; incluyentes; participativos y transparentes por todos los involucrados en su evaluación; y
- presentación de informes centrados en las personas, tomando en cuenta las cuestiones de género respetando los derechos humanos.

En la misma línea, como ya se mencionó, el seguimiento y el examen de los ODS se efectuarán a nivel nacional, regional e internacional.

Por último y para ejemplificar, cabe hacer mención, que México ha implementado algunas iniciativas impulsadas a través de la puesta en marcha de la Agenda 2030. Entre proyectos a corto plazo, destacan sus planes para elaborar una nueva Ley General de Aguas; proyectos para brindar proyección social a mujeres trabajadoras del hogar, de cuidados y jornadas agrícolas; y la aplicación de proyectos para la conservación de la biodiversidad con actividades productivas para las comunidades más vulnerables del país (Iberdrola, 2022).

# 4. Municipios evaluados en Tamaulipas

## 4.1. Altamira

### 4.1.1. Localización geográfica

El municipio de Altamira se encuentra en la porción sureste del estado de Tamaulipas, dentro de la subregión Tampico Número 07.

La cabecera municipal de Altamira se localiza a los 22° 23′ de latitud norte y a los 97°56′ latitud oeste, a una altitud de 26 metros sobre el nivel del mar. El municipio colinda al norte con Aldama; al sur con Madero y Tampico, así como con el estado de Veracruz, al este con el Golfo de México y al oeste con el municipio de González. La superficie territorial es de 1,661.9 kilómetros cuadrados, los cuales representan el 2.1% del territorio de Tamaulipas. Altamira se integra por 269 localidades, las más representativas, por su cantidad poblacional, son Miramar con 161,820 habitantes, Altamira con 79,824 y Cuauhtémoc con 5,756 habitantes, respectivamente. (*véase* imagen 1)

**Imagen 1**
**Altamira, Tamaulipas**

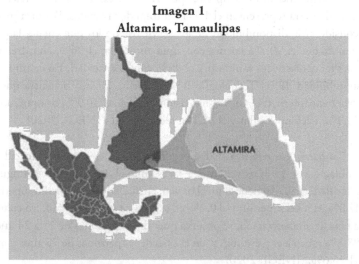

Fuente: https://unt184.wordpress.com/2016/07/07/localizacion/

**4.1.2. Indicadores**

*Población: composición por sexo y edad:* La población total es de 269,790 habitantes de los cuales el 49.4% son hombres y el 50.6% son mujeres, este dato indica que por cada cien mujeres hay 97 hombres. La edad media de la población es de 29 años o Menos. (INEGI, 2020)

*Situación conyugal:* Los datos del INEGI (2020) indican que el 33.9% de la población es casada; el 31.9%, soltera; el 22.7%, en unión libre, el 5.8%, separada, el 1.8%, divorciada, y, finalmente, el 3.8% viuda.

*Fecundidad y mortalidad:* En mujeres de 15 a 49 años el promedio de hijos nacidos vivos es de 1.5% y el porcentaje de hijos fallecidos es de 2.8%. (INEGI, 2020)

*Afiliación a servicios de salud:* La población total afiliada es del 77.2%. En cuanto a los diversos servicios de salud se encuentra que el 24.9% está afiliada al INSABI; el 66%, al IMSS; el 4.4%, al ISSSTE; el 3.1%, a Pemex, defensa o marina; el 1% tiene seguro privado y el 1.7% pertenece a otra institución. (INEGI, 2020)

*Vivienda:* El número total de viviendas particulares habitadas es de 80,906, el promedio de ocupantes por vivienda es de 3.3. Las viviendas de piso de tierra representan el 1.5% del total de viviendas. Por otra parte, al considerar la disponibilidad de los servicios con los que cuenta la casa se denota que el 90.7% cuenta con agua entubada; el 96%, con drenaje; el 99.3%, con servicio sanitario y el 99% con electricidad. En cuanto a la disponibilidad de las Tecnologías de la información se encuentra que el 52.5% tiene internet; el 46.5%, televisión de paga; el 30.9%, computadora; el 93.9%, teléfono celular y el 35.1%, teléfono fijo. (INEGI, 2020)

*Características educativas:* Respecto de los niveles de escolaridad de la población de 15 años y más se expresa que el 3.2% no tiene ninguna escolaridad; el 50.6% tiene el nivel básico; el 28.2%, el nivel medio superior; el 17.8%, el nivel superior; y el 0.2% no especifica su escolaridad. En cuanto a la tasa de alfabetización, se observa que, de las personas de 15 a 24 años, el 98.8% saben leer y escribir, y, en el caso de las personas de 25 años y más es el 96.6%. (INEGI, 2020)

*Actividades económicas:* Las personas económicamente activas en este municipio representan el 62.2% de la población, de los cuales el 60.6% son hombres y el 39.4%, mujeres; mientras que la población económicamente inactiva se conforma por el 37.3% de la población, dentro de ésta se encuentra que el 36.9% son estudiantes; 46.7%, personas dedicadas a los quehaceres del hogar; 6.6%, jubilados o pensionados; 3.3%, personas con alguna limitación física o mental que les impide trabajar y el 6.5%, personas en otras actividades no económicas. (INEGI, 2020)

### 4.1.3. Evaluaciones aplicadas en el municipio de Altamira

A partir del año 2014 los municipios tuvieron participación dentro del proceso de evaluación que promovió el Instituto Nacional para el Federalismo y el Desarrollo Municipal (INAFED). En lo que concierne al municipio de Altamira, no tuvo participación en los años 2014, 2015, 2016 y fue hasta en el año 2017 dentro de la metodología conocida como Agenda para el Desarrollo Municipal (ADM) cuando decidió ser evaluado por primera vez, en ese año presentó evidencias de los indicadores de gestión que integraron la Agenda Básica y la Agenda Ampliada, los resultados fueron los siguientes:

1. En la Agenda Básica presentó evidencias de 115 indicadores, de los cuales 30 fueron identificados en color amarillo; 27, en verde; 47, en rojo y 10 indicadores No Cumplieron con el Supuesto (NCS);
2. En la Agenda Ampliada se sometió al proceso de evaluación 84 indicadores, de los cuales 33 estuvieron en color amarillo; 26, en verde y 25, en rojo (INAFED, 2017b).

En el año 2018, el municipio de Altamira volvió a solicitar su proceso de evaluación, pero en ese año atendió los indicadores de gestión y desempeño de la Agenda Básica y la Ampliada, en este sentido la cantidad de indicadores que fue atendida se incrementaron respecto a los del año anterior:

1. En la Agenda Básica se atendieron 172 indicadores, de los cuales 33 fueron identificados en color amarillo; 63, en verde; 10, en rojo y en 55 no se contó con el supuesto, y
2. en la Agenda Ampliada se trabajaron 96 indicadores, 15 fueron denotados en color amarillo; 60, en verde; 1, en rojo, en 7 no se

contó con el supuesto y en 7 la información no estuvo disponible (INAFED, 2018c).

En el año 2019 el municipio de Altamira se evaluó bajo los lineamientos de la Guía Consultiva de Desempeño Municipal (GDM), año en el que fueron evaluados los módulos 1 y 2. los cuales corresponden a Organización y Hacienda. La suma total de esos indicadores fue de 36 —19 de gestión y 17 de desempeño—, de los cuales el municipio obtuvo 29 con resultado óptimo, es decir, en color verde (INAFED, 2020).

Es importante mencionar que en el Módulo de Organización obtuvo: 14 indicadores en verde, 5 en rojo y 2 en amarillo y en lo que concierne al Módulo de Hacienda se registraron: 15 indicadores en óptimo, 4 en rezago y 0 en proceso y 0 con un resultado No Medible. (SiGuía, 2019).

En el año 2020, la GDM propuso a los municipios evaluar 3 módulos como obligatorios:

1) Organización,
2) Hacienda y
8) Gobierno Abierto

para todos los participantes, además, cada uno podría incorporar, si lo deseaba, alguno de los cinco módulos restantes catalogados como opcionales.

En este sentido Altamira solo evaluó los tres módulos obligatorios, los cuales suman 44 indicadores —25 de gestión y 19 de desempeño—, mostrando un nivel de avance del 75.6% con una ponderación del 72.5% respectivamente (INAFED, 2021c).

Los resultados en el Módulo de Organización fueron: de 15 en estado óptimo, 0 en rezago y 5 en proceso; en lo que respecta al Módulo de Hacienda se registraron: 14 indicadores en estado óptimo, 2 en rezago, 0 en proceso y 3 se identificaron como indicadores No Medibles; finalmente en el Módulo de Gobierno Abierto obtuvo: 5 indicadores en estado óptimo, 3 en proceso y 3 en rezago (SiGuía, 2020).

## 4.2. Ciudad Madero

### 4.2.1. Localización geográfica

Ciudad Madero se encuentra ubicado en la porción sur del estado; su cabecera municipal se localiza a los 22° 14' de latitud norte y a los 97° 49' de longitud oeste, a una altitud de 3.08 metros sobre el nivel del mar. El municipio colinda al norte con el municipio de Altamira; al sur con Veracruz; al este con el Golfo de México y al oeste con el municipio de Tampico. La superficie territorial es de 48.4 kilómetros cuadrados, los cuales representan el 0.1% del territorio de Tamaulipas. Ciudad Madero es única localidad. (*véase* imagen 2)

**Imagen 2**
**Ciudad Madero, Tamaulipas**

Fuente: http://lossantosdiasdelapoesiaencuentro.blogspot.
com/2013/05/ciudad-madero-en-el-mapa.html

### 4.2.2. Indicadores

*Población:* Según el INEGI (2020) la población total de este municipio es de 205,933 habitantes, de los cuales el 47.7% son hombres y el 52.3% son mujeres.

*Situación conyugal:* Dentro de este indicador, se expresa que el 38.7% de la población es casada; el 35.1%, soltera; el 12.7% se encuentra en unión libre, el 4.5% está separada; el 3.2, divorciada, finalmente, el 5.7% representa a la población viuda. (INEGI, 2020)

*Fecundidad y mortalidad:* En mujeres de 15 a 49 años el promedio de hijos nacidos vivos es del 1.2% y el porcentaje de hijos fallecidos es de 2.3%. (INEGI, 2020)

*Afiliación a servicios de salud:* La población total afiliada representa el 81.4%, en cuanto al tipo de servicio de salud el 15.8% tiene INSABI; el 51%, IMSS; el 9.4%, ISSSTE; el 22.6%, Pemex, defensa o marina; el 2.0% tiene Seguro privado y el 1.4% pertenece a otra institución. (INEGI, 2020)

*Vivienda:* La cantidad total de viviendas particulares habitadas es de 65,642; el promedio de ocupantes por vivienda es 3.1. Las viviendas de piso de tierra representan el 0.8%. Respecto a la disponibilidad de los servicios con que cuenta la vivienda se expresa que el 96.5% cuenta con agua entubada, el 99.1% con drenaje, el 99.6% con servicio sanitario y el 99.5% con electricidad. En relación con la disponibilidad de las Tecnologías de la información, el 72.7% cuenta con internet; el 55.6%, con televisión de paga; el 51.8%, computadora; el 94.3%, teléfono celular y el 60.5%, teléfono fijo. (INEGI, 2020)

*Características educativas:* Los niveles de escolaridad en la población de 15 años y más quedan representados por: 1.6 % sin escolaridad, el 33.5% con nivel básico, el 25.9% con nivel medio superior, el 38.7% con nivel superior y el 0.2% no especificó. La tasa de alfabetización en este municipio es del 99.1% en personas de 15 a 24 años y el 8.3% en personas de 25 años y más. (INEGI, 2020)

*Actividades económicas:* En dicho municipio la población económicamente activa está representada por el 56.5%; de ellos, el 56.3 son hombres y el 43.7% son mujeres. Contrario a ello, la población económicamente inactiva queda representada por un 43.3% entre los que se encuentran estudiantes (33.7%), personas dedicadas a los quehaceres del hogar (36%), jubilados o pensionados (20.8%), personas con alguna limitación física o mental que les impide trabajar (2.8%) y personas en otras actividades no económicas (6.7%). (INEGI, 2020)

De acuerdo con la Secretaría de Desarrollo Económico y Turismo (s.f) en Ciudad Madero la principal actividad económica es la del comercio al por menor, seguido de las industrias manufactureras y de construcción, y los servicios de alojamiento temporal y de preparación de alimentos y bebidas.

### 4.2.3. Evaluaciones aplicadas en el municipio de Ciudad Madero

En el año 2014, la administración del municipio de Ciudad Madero promovió el proceso de evaluación del quehacer público. Se evaluó bajo los lineamientos en la Agenda para el Desarrollo Municipal (ADM), promovida por el Instituto Nacional para el Federalismo y el Desarrollo Municipal (INAFED). En ese año, sometió al proceso de evaluación 105 indicadores de gestión que integraron la Agenda Básica y 63 que integraron la Agenda Ampliada. Los resultados se presentaron de la siguiente forma:

- En la Agenda Básica se ubicaron 34 indicadores en amarillo; 41, en verde y 30 en rojo; y
- en la Agenda Ampliada, 13 fueron identificados en color amarillo; 45, en verde y 5, en rojo (INAFED, 2014).

En el año 2015, el municipio dio seguimiento a los procesos de evaluación y en ese año:

- la Agenda Básica con indicadores de gestión registraron 6 en color amarillo; 26, en verde; 6, en rojo; en esta misma Agenda al considerar los indicadores de desempeño se mostraron 8 en color verde; 2, en rojo; 0, en amarillo y en 12 no hubo información disponible;
- en la Agenda Ampliada con indicadores de gestión, se registraron 13 en color verde; 1, en amarillo y 3, en rojo (INAFED, 2015).

En el 2016, Ciudad Madero sometió a proceso de evaluación la Agenda Básica y la Agenda Ampliada considerando los indicadores de gestión y desempeño.

- Los resultados de la Agenda Básica fueron: 110 registrados en color verde; 18, amarillos; 8, en rojo y en 51 se requería información No Disponible.

- En la Agenda Ampliada hubo 54 indicadores en color verde; 6, amarillos y 5, en rojo (INAFED, 2016); durante ese año, los catedráticos que participaron en el proceso de evaluación fueron de la Universidad Autónoma de Tamaulipas.

En el año 2017, la administración municipal decidió presentar evidencias de los indicadores de gestión en la Agenda Básica y en la Agenda Ampliada y los resultados se presentaron de la siguiente forma:

- En la Agenda Básica hubo 83 indicadores en verde; 26, en color amarillo; 16, en rojo; 16 no Cumplieron con el Supuesto (NCS); en 28 se requería información No Disponible (ND);
- en la Agenda Ampliada se encontraron 63 en color verde; 3, en amarillo; 5, en verde; 18, NCS y 1, ND (INAFED, 2017b).

En el año 2018, se sometió a un proceso de evaluación la Agenda en su totalidad y los resultados fueron los siguientes:

- en lo que respecta a la Agenda Básica —indicadores de gestión y desempeño— se presentaron 79 indicadores en verde; 19, en amarillo; 8, en rojo; 11 No Cumplieron con el supuesto; y 55, No disponibles.
- En la Agenda Ampliada, hubo 62 indicadores en verde; 5, en amarillo; 1, en rojo; 24 No cumplieron con el Supuesto; y 4 fueron considerados como No Disponibles. (INAFED, 2018c).

En el año 2019, Ciudad Madero participó en el proceso de evaluación con la metodología de la Guía Consultiva de Desempeño Municipal (GDM); mostró 19 indicadores en estado óptimo (color verde), los cuales representaron el 56.8%, de los 36 indicadores a evaluar que correspondieron a los módulos:

1) Organización y
2) Hacienda

durante este año, la Universidad Autónoma de Tamaulipas fue la Institución de Educación Superior encargada del proceso de evaluación (INAFED, 2020). Los resultados del módulo de Organización fueron: 13 en estado óptimo; 5, en rezago y 3, en proceso. Los resultados del módulo de Hacienda registraron 6 en estado óptimo;, 8, en rezago; 1, en proceso y 0, como No Medible (SiGuía, 2019).

En el año 2020, el municipio sometió al proceso de evaluación los 3 módulos obligatorios de la GDM correspondientes a:

    1) Organización,
    2) Hacienda y
    8) Gobierno abierto

la suma de los indicadores fue de 44 —25 de gestión y 19 de desempeño—. El municipio mostró un avance del 63.6% con una ponderación de 67.1% y en esa ocasión, el Instituto de Estudios Superiores de Tamaulipas fue el encargado del proceso de evaluación (INAFED, 2021c). Los resultados de dicha evaluación reflejaron que:

- en el módulo de Organización se encontraron 15 indicadores en estado óptimo; 4, en proceso y 1 en rezago;
- en el módulo de Hacienda se encontraron 10 indicadores en estado óptimo; 3, en rezago; 2, en proceso y 4 como No Medibles; y
- en el módulo Gobierno Abierto, los resultados fueron 3 en óptimo; 4, en proceso y 4, en rezago (SiGuía, 2020).

En el año 2021, el municipio de Ciudad Madero volvió a participar en los procesos de evaluación tomando en cuenta los lineamientos establecidos por la Guía Consultiva de Desempeño Municipal 2021, en este año sometió a proceso de evaluación todos los módulos que integran la GDM, en este sentido:

- En el módulo de Organización se presentaron evidencias de 13 indicadores en óptimo estado; 2, en proceso; 1, en rezago y 1 no presentó información.
- En el módulo de Hacienda se encontraron 11 indicadores: 1 en proceso, 3 en rezago y 4 indicadores fueron considerados como No Medibles.
- En el módulo Gestión del Territorio, se identificaron 2 como óptimos; 9, en proceso y 7 en rezago.

- En el módulo de Servicios Públicos, se encontraron 7 indicadores en estado óptimo; 4, en proceso; 1, en rezago; en 3 indicadores se solicitó información No Disponible y en 4 más se requirió de información No Medible.

- En el módulo de Medio Ambiente, hubo 4 óptimos; 4, en proceso; 2, en rezago; 1 indicador fue considerado como No Medible y 1 fue estimado como No Disponible.

- En el módulo Desarrollo Social, se encontraron evidencias de 6 indicadores en estado óptimo: 12, en proceso y 6 en rezago.

- En el módulo Desarrollo Económico, fueron identificados 8 indicadores en estado óptimo; 2, en proceso y 2, en rezago. Finalmente,

- en el módulo de Gobierno Abierto, hubo 8 indicadores óptimos; 1, en proceso; y 0, en rezago (SiGuía, 2021).

## 4.3. El Mante

### 4.3.1 Localización geográfica

El municipio de El Mante se localiza en la porción sur de Tamaulipas, en la cuenca del río Guayalejo o Tamesí; el municipio se encuentra localizado entre los paralelos 22º 44' de latitud norte y 98º 58' de longitud oeste, a una altura de ochenta metros sobre el nivel del mar. El Mante colinda al norte con Gómez Farías y Xicoténcatl, al sur con el estado de San Luis Potosí, al este se localiza González y al oeste se encuentran los municipios de Ocampo y Antiguo Morelos. Este municipio se integra por 211 localidades, las más representativas, por su cantidad poblacional, son Ciudad Mante que cuenta con 79,515 habitantes, El Limón con 2,517 y El Abra con 2,278 respectivamente. (*véase* Imagen 3)

**Imagen 3
El Mante, Tamaulipas**

Fuente: https://es.wikipedia.org/wiki/Archivo:
El_Mante_en_Tamaulipas.svg

### 4.3.2. Indicadores

*Población: composición por sexo y edad*: La población total es de 106,144 habitantes, de los cuales el 48% son hombres y el 52% son mujeres, es decir, por cada 100 mujeres hay 92 hombres, la edad mediana de la población es de 35 años o menos. (INEGI, 2020)

*Situación conyugal:* Dentro de ello se expresa que el 40.4% de la población es casada: el 30.3%, soltera; el 15.1% se encuentra en unión libre; el 4.7%, separada; el 2.4%, divorciada; y el 7.1% son viudos. (INEGI, 2020)

*Fecundidad y mortalidad:* En mujeres de 15 a 49 años el promedio de hijos nacidos vivos es del 1.6% y el porcentaje de hijos fallecidos es de 1.9%. (INEGI, 2020)

*Afiliación a servicios de salud:* La población total afiliada representa el 90.6%, en cuanto al tipo de servicio de salud el 33% tiene INSABI; el 57.9%, IMSS; el 9%, ISSSTE; el 0.2%, Pemex, defensa o marina; y el 0.4% tiene Seguro privado. (INEGI, 2020)

*Vivienda:* La cantidad total de viviendas particulares habitadas es de 34,650 y el promedio de ocupantes por vivienda es 3.1. Las viviendas con piso de tierra representan el 1.7%. Respecto de la disponibilidad de los servicios con los que cuenta la casa se expresa que el 80.8% cuenta con agua entubada; el 93.3%, con drenaje; el 99.1%, con servicio sanitario; el 99.4%, con electricidad; y el 32% cuenta con tinaco. Con relación a la disponibilidad de Tecnologías de la información el 46.4% cuenta con internet; el 45%, con televisión de paga; el 29.8%, computadora; el 89.4%, teléfono celular; y el 35.4%, teléfono fijo. (INEGI, 2020)

*Características educativas*: En cuanto a los niveles de escolaridad, en la población de 15 años y más se encuentra que 5.3% no tiene escolaridad; el 48.7% cuenta con nivel básico; el 24.2%, con nivel medio superior; el 21.7%, con nivel superior; y el 0.1% no especificó. La tasa de alfabetización en este municipio es del 99.1% en personas de 15 a 24 años y el 94.9% en personas 25 años y más. (INEGI, 2020)

*Actividades económicas:* De acuerdo con el Censo de Población y vivienda 2020, en este municipio la población económicamente activa corresponde al 55.8%, de ellos, el 60.6 son hombres y el 39.4% son mujeres; contrario a ello, la población económicamente inactiva queda representada por un 44.0%, entre los que se encuentran estudiantes (30.9%), personas dedicadas a los quehaceres del hogar (41.6%), jubilados o pensionados (17.8%), personas con alguna limitación física o mental que les impide trabajar (3.8%) y personas en otras actividades no económicas (5.9%).

## 4.3.3. Evaluaciones aplicadas en el municipio de El Mante

En El Mante la principal actividad económica es el comercio al por menor, seguido de las industrias manufactureras y los Servicios de Alojamiento Temporal y de preparación de alimentos y bebidas.

En los años 2014, 2015 y 2016, el municipio de El Mante no promovió ningún proceso de evaluación ante el Instituto Nacional para el Federalismo y el Desarrollo Municipal (INAFED), fue hasta el año 2017, cuando la administración municipal decidió evaluarse bajo los lineamientos establecidos en la Agenda para el Desarrollo Municipal, la cual se integraba por dos secciones, la Agenda Básica y la Agenda Ampliada, ambas integraban indicadores de gestión y desempeño; en ese año El Mante solo evaluó los indicadores de gestión establecidos en la Agenda Básica y los resultados fueron: 35 en color verde, 30 en color amarillo, 35 en rojo, 15 No Contaron con el Supuesto (NCS), de un total de 115 indicadores (INAFED, 2017b).

En el año 2018, el municipio continuó con los procesos de evaluación y en esa ocasión evaluó la totalidad de los indicadores que integraban la Agenda. Los resultados de los indicadores de gestión y desempeño de la Agenda Básica fueron: 59 en color verde, 37 en amarillo, 6 en rojo, 15 NCS, y 55 ND; en lo que concierne a la Agenda Ampliada se encontraron 50 en color verde, 15 en amarillo, 13 en rojo, 12 No Cumplieron con el Supuesto y 6 fueron catalogados como No Disponibles (INAFED, 2018c).

En el 2019, El Mante se sometió a un proceso de evaluación bajo los lineamientos de la Guía Consultiva de Desempeño Municipal (GDM), en ese año se evaluaron los módulos de Organización y Hacienda, entre ambos sumaban 36 indicadores, dicho municipio presentó: 21 indicadores en estado óptimo que representaron el 56.8% de los resultados. Los catedráticos de la Universidad Autónoma de Tamaulipas fueron los encargados de la evaluación (INAFED, 2020).

- Los resultados del módulo de Organización reflejaron que 12 de los indicadores evaluados estaban en estado óptimo; 8, en rezago y 3 en proceso,

- en los resultados del módulo de Hacienda se encontraron 9 en estado óptimo; 5, en rezago; 1 en proceso y 3 fueron catalogados como indicadores No Medibles (SiGuía, 2019).

Durante el año 2020, este municipio, sometió al proceso de evaluación a los 8 módulos que integraba la GDM; no obstante, es preciso mencionar que los módulos obligatorios fueron:

1) Organización,
2) Hacienda y
8) Gobierno abierto

se presentó un nivel de avance del 39.3% que reflejó una ponderación del 51.5%. La Universidad Tecnológica de Altamira participó en el proceso de evaluación (INAFED, 2021c). Los resultados se presentaron de la siguiente manera:

- En el módulo Organización hubo 12 indicadores en estado óptimo; 3, en proceso y 5 en rezago;
- en el módulo Hacienda, se identificaron 13 como óptimos, 3 en rezago, 0 en proceso y 3 No Medibles;
- en el módulo Gestión de Territorio se registraron 5 en estado óptimo; 5, en proceso; 0, en rezago y 7 No Medibles;
- en el módulo Servicios Públicos, hubo 7 indicadores óptimos, 4 en proceso, 1 en rezago y 7 No Medibles;
- en el módulo Medio Ambiente hubo 2 indicadores en estado óptimo; 3, en proceso; 5, en rezago y 1 que requería información No Disponible;
- en el módulo Desarrollo Social, hubo 1 indicador identificado como en estado óptimo, 5 en proceso y 4 en rezago;
- los resultados del módulo Desarrollo Económico reflejan que hubo 1 indicador en estado óptimo, 4 en proceso, 1 en rezago y 2 requerían información No Disponible; y, finalmente,
- en el módulo Gobierno Abierto se identificaron 4 indicadores en estado óptimo, 2 en proceso y 2 en rezago. (SiGuía, 2020).

## 4.4. Matamoros

### 4.4.1. Localización geográfica

Matamoros está ubicado en la parte noreste del estado de Tamaulipas 25° 52' de latitud norte y a 97°30' de longitud oeste, con una altitud de diez metros sobre el nivel del mar. Este municipio colinda al norte con los Estados Unidos de Norte América y se encuentra separado de dicho país por el Río Bravo, al sur de éste se encuentra el municipio de San Fernando y la Laguna Madre, al este de Matamoros está el golfo de México y al oeste los municipios de Río Bravo y Valle Hermoso.

Cuenta con una superficie territorial de 4,633.3 kilómetros cuadrados y su densidad poblacional es de 117.0 habitantes por km². Este municipio está distribuido en 610 localidades, las más representativas, poblacionalmente hablando, son Heroica Matamoros con 510,739 habitantes, Ramírez tiene 2,724 y El Control 2,612 habitantes.

(*véase* imagen 4)

**Imagen 4**
**Matamoros, Tamaulipas**

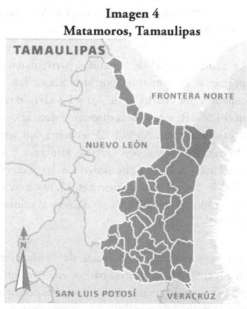

Fuente: http://www.inafed.gob.mx/work/enciclopedia/
EMM28tamaulipas/municipios/28022a.html

## 4.4.2. Indicadores

*Población:* El Censo de población y vivienda 2020 reporta que la población de Matamoros es de 541,970 habitantes, de los cuales, el 49.4% son hombres y el 50.6 son mujeres, es decir, por cada 100 mujeres hay 97 hombres. La mitad de la población tiene 29 años o menos y con respecto a la razón de dependencia existen 46 personas por cada 100 en edad productiva.

*Situación conyugal:*El 33.8% de la población es casada; el 33.2%, soltera; el 20.7% se encuentra en unión libre; el 5.5%, separada; el 2.4%, divorciada, y el 4.5% representa a la población viuda. (INEGI, 2020)

*Fecundidad y mortalidad:* En mujeres de 15 a 49 años el promedio de hijos nacidos vivos es del 1.6% y el porcentaje de hijos fallecidos es de 3.1%. (INEGI, 2020)

*Afiliación a servicios de salud:* La población total afiliada representa el 75.5%, en cuanto al tipo de servicio de salud el 70.6% cuenta con IMSS, el 20% tiene INSABI, el 6.7% tiene ISSSTE, el 0.4% cuenta con Pemex, defensa o marina, el 42.3% tiene Seguro privado, y el 0.9% pertenece a otra institución. (INEGI, 2020)

*Vivienda:* La cantidad total de viviendas particulares habitadas es de 159,564, el promedio de ocupantes por vivienda es 3.4, en cuanto al promedio de ocupantes por cuarto es de 1.0 y las viviendas con piso de tierra representan el 1.5%. Respecto de la disponibilidad de los servicios con los que cuenta la casa se expresa que el 91.3% cuenta con agua entubada; el 95.9%, con drenaje; el 99.5%, con servicio sanitario; y el 99%, con electricidad. En relación a la disponibilidad de las Tecnologías de la información el 56.9% cuenta con internet; el 32.3%, con televisión de paga; el 35%, con computadora; el 93.3%, con teléfono celular y el 39.8%, con teléfono fijo. (INEGI, 2020)

*Características educativas:* En la población de 15 años y más el 2.9% no tiene escolaridad; el 50.4%, con nivel básico; el 27%, con nivel medio superior; el 19.5%, con nivel superior y el 0.3% no especificó. La tasa de alfabetización en este municipio es del 98.8% en personas de 15 a 24 años y del 97.2% en personas de más de 25 años. (INEGI, 2020)

*Actividades económicas:* En dicho municipio la población económicamente activa está representada por el 63.4%, de ellos, el 58.9% son hombres y el 41.1% son mujeres; contrario a ello, la población económicamente inactiva queda representada por un 36.4% entre los que se encuentran estudiantes (36.9%), personas dedicadas a los quehaceres del hogar (39.8%), jubilados o pensionados (10.6%), personas con alguna limitación física o mental que les impide trabajar (3.5%) y personas en otras actividades no económicas (9.1%).

Matamoros ha llegado a posicionarse como una de las ciudades con mayor crecimiento económico en todo México, su economía se basa principalmente en el comercio internacional con los Estados Unidos gracias a los tratados internacionales que se tiene con dicho país. Seguido de ello, otra de las actividades económicas es la industria maquiladora que se ha convertido en un factor de crecimiento y desarrollo para toda la región, puesto que da empleo a muchos matamorenses y a otras personas provenientes de otros estados del país. Por último, se encuentra la actividad agrícola basada fundamentalmente en los cultivos de sorgo y maíz (Dávila, 2012).

**4.4.2. Evaluaciones aplicadas en el municipio de Matamoros**

En el año 2014, el municipio de Matamoros sometió a evaluación los procesos bajo los lineamientos establecidos en la Agenda para el Desarrollo Municipal, dicha agenda se integraba por la Agenda Básica y la Agenda Ampliada, ambas agendas contenían indicadores de gestión y desempeño; en ese año, se presentaron evidencias de los indicadores de gestión, en la Agenda Básica los resultados fueron: 49 en verde, 33 en amarillo y 22 en rojo. En la Agenda Ampliada hubo 44 indicadores en color verde; 10. en amarillo; y 9, en rojo (INAFED, 2014).

En el año 2015, se evaluó la Agenda Básica —indicadores de gestión y desempeño— y la Agenda Ampliada —indicadores de gestión—. En la Agenda Básica se mostraron evidencias de: 30 indicadores en color verde, 10 en amarillo, 7 en color verde y 10 No Disponibles (ND). En la Agenda Ampliada se encontraron 13 indicadores en color verde, 3 en amarillo y 0 en rojo (INAFED, 2015).

En el año 2016, se evaluó la Agenda completa obteniendo en la Agenda Básica: 133 indicadores en color verde, 50 en amarillo, 4 en rojo y 1 No Disponible; en la Agenda Ampliada, hubo: 24 indicadores en verde, 6 en amarillo, 5 en rojo, 2 No Cumplieron con el Supuesto (NCS) y 32 fueron considerados como No Disponibles (ND) (INAFED, 2016).

En el 2017 continuaron con el proceso de evaluación, en ese año se evaluó la Agenda Básica y la Ampliada considerando solo indicadores de gestión. Los resultados en la Agenda Básica fueron: 79 en color verde, 45 en amarillo, 22 en rojo, 11 NCS, y 13 ND; respecto de la Agenda Ampliada, 59 estuvieron en color verde; 13, en amarillo; 13, en rojo, 4 NCS y 1 ND (INAFED, 2017b).

Finalmente, en el año 2018, se evaluaron los indicadores de gestión y desempeño de la Agenda Básica y la Ampliada. Los resultados correspondientes a la Agenda Básica fueron: 15 se encontraron en color verde, 40 en amarillo, 12 en rojo, 11 NCS y 55 ND. En la Agenda Ampliada, se identificaron: 57 en color verde, 11 en amarillo, 20 en rojo, 8 ND (INAFED, 2018c).

Los resultados reflejan que el municipio de Matamoros se evaluó durante los cuatro años que se aplicó la Agenda para el Desarrollo Municipal, promovida por el Instituto Nacional para el Federalismo y el Desarrollo Municipal (INAFED).

En el 2019, el municipio de Matamoros participó en el proceso de evaluación de la Guía Consultiva de Desempeño Municipal (GDM) y mostro evidencias de 25 indicadores que fueron considerados en estado óptimo (color verde) y obtuvieron un resultado del 69.4%. La Universidad Autónoma de Tamaulipas participó como institución educativa evaluadora. En este año, fueron sometidos a evaluación solo los módulos de Organización y Hacienda que sumaban 36 indicadores (INAFED, 2020). Los resultados del módulo de Organización fueron: 14 en estado óptimo, 5 en rezago y 1 en proceso y respecto del módulo de Hacienda hubo: 11 en óptimo estado, 1 en rezago, 3 en proceso y 4 requerían información No Disponible (SiGuía, 2019).

Durante el año 2020, el municipio sometió a evaluación los tres módulos obligatorios que fueron:

1) Organización,

2) Hacienda y

8) Gobierno abierto

La suma de indicadores a evaluar fueron 44 —25 de gestión y 19 de desempeño—, al respecto, Matamoros mostró un avance del 63.6% con una ponderación del 61.5%. La Universidad Autónoma de Tamaulipas volvió a ser la encargada del proceso de evaluación (INAFED, 2021c). Los resultados del módulo de Organización reflejaron que el municipio obtuvo: 12 indicadores en óptimo, 3 en proceso y 5 en rezago; en lo que concierne al módulo de Organización se identificaron: 12 como óptimos, 3 en rezago y 0 en proceso y 4 como No Medibles; finalmente, en el módulo de Gobierno Abierto hubo: 4 en estado óptimo, 2 en rezago y 2 en proceso. (SiGuía, 2020)

En el año 2021, el municipio de Matamoros continuo con sus procesos de evaluación promovidos por el INAFED mediante la Guía Consultiva de Desempeño Municipal, en este sentido, sometió a procesos de evaluación evidencias solicitadas por los 8 módulos y los resultados se presentaron de la siguiente manera:

- En el módulo Organización, se presentaron evidencias de: 11 indicadores en estado óptimo, 3 en proceso y 5 en rezago;
- en el módulo Hacienda, se encontraron evidencias de: 12 indicadores en óptimo estado, 3 en rezago, 0 en proceso y 3 indicadores fueron considerados como No Medibles;
- en el módulo Gestión del Territorio, hubo: 10 óptimos, 4 en proceso, 0 en rezago y 4 No Medibles;
- en el módulo Servicios Públicos se encontraron: 5 indicadores óptimos, 8 en proceso, 1 en rezago, 1 requería de información No Disponible y 4 más se consideraron indicadores No Medibles;
- en el módulo Medio ambiente se presentaron evidencias que confirmaron: el estado óptimo de 5 indicadores, 1 se encontró en proceso, 3 en rezago, 1 fue considerado como No Medible y 1 más requería información No Disponible;
- en el módulo Desarrollo Social hubo: 23 en óptimo estado, 1 en proceso y 0 en rezago;
- en el módulo Desarrollo Económico se encontraron: 3 en estado óptimo, 4 en proceso y 3 en rezago; por último,
- en el módulo Gobierno Abierto se mostraron evidencias de: 5 indicadores óptimos, 1 en proceso y 3 en rezago. (SiGuía, 2021).

## 4.5. Nuevo Laredo

### 4.5.1. Localización geográfica

La cabecera municipal del municipio de Nuevo Laredo se localiza entre los 27º 30′ latitud norte y 99º 30′ longitud oeste a una altura de 150 metros sobre el nivel del mar, ocupa el 1.5% de la superficie del estado de Tamaulipas. Este municipio se sitúa al norte del estado, se encuentra limitando al norte con los Estados Unidos de Norteamérica y al estado de Nuevo León y al sur con el municipio de Guerrero. La superficie en kilómetros cuadrados es de 1,224.0 que representa el 1.5% del territorio estatal. Cuenta con 29 localidades, las de mayor población son: Nuevo Laredo con 416,055 habitantes, El Campanario y Oradel con 7,775 y El progreso (Nuevo Progreso) que cuenta con 516 habitantes.

(*véase* imagen 4)

**Imagen 4**
**Nuevo Laredo, Tamaulipas**

Fuente: https://es.m.wikipedia.org/wiki/Archivo:
Nuevo_Laredo_en_Tamaulipas.svg

## 4.5.2. Indicadores

*Población:* Según datos del INEGI (2020) su población total es de 425,058 habitantes, de los cuales el 49.3% son hombres y el 50.7% son mujeres, esto significa que por cada 100 mujeres existen 97 hombres, la mitad de la población tiene 28 años o menos.

*Situación conyugal:* Los datos del INEGI (2020) indican que el 34.3% de la población es casada; el 33.3%, soltera; el 19.8% se encuentra en unión libre; el 5.5%, separada; el 2.3%, divorciada; el 4.7%, viuda y el 0.1 % no especificó.

*Afiliación a servicios de salud:* La población total afiliada es del 73.6%, en cuanto a los diversos servicios de salud se encuentra que el 75.1% está afiliada al Instituto Mexicano del Seguro Social (IMSS), el 16.1% esta registrado en el Instituto de Salud para el Bienestar (INSABI), el 6.1% cuenta con el Instituto de Seguridad y Servicios Sociales de los Trabajadores del Estado (ISSSTE), el 2.4% se atiende en alguna institución privada y el 1.5% mencionó otras instituciones. (INEGI, 2020)

*Vivienda:* El número total de viviendas particulares habitadas es de 120,296, el promedio de ocupantes por vivienda es de 3.5, la media de ocupantes por cuarto es de 1.0. Las viviendas con piso de tierra representan el 1.2%. Respecto de la disponibilidad de los servicios con los que cuenta la casa se denota que el 97.2% cuenta con agua entubada, el 99.4% tiene drenaje, el 99.7% registra servicio servicio sanitario y el 99.6% reporta con electricidad, el 23% cuenta con tinaco y el 4.4% tiene cisterna o aljibe. Referente de la disponibilidad a las Tecnologías de la información se encuentra que el 58.7% tiene internet, el 34.2% cuenta con televisión de paga, el 39.7% posee computadora, el 92% tiene teléfono celular y el 45%, teléfono fijo. (INEGI, 2020)

*Características educativas:* En los niveles de escolaridad de la población de 15 años y más se expresa que el 2.7% no tiene ninguna escolaridad, el 51.3% tiene el nivel básico, el 25.7% el nivel medio superior, el 20% el nivel superior, y el 0.4% no especifica. En cuanto a la tasa de alfabetización se observa que el 98.8% de las personas de 15 a 24 años saben leer y escribir; en las personas de más de 25 años esto representa el 97.2%.(INEGI, 2020)

*Actividades económicas:* Según el Censo de Población y vivienda (INEGI, 2020), en Nuevo Laredo el 62.3% de la población total se encuentra económicamente activa, dentro de este porcentaje el 60% son hombres mientras que el 40% son mujeres; dentro de la población económicamente inactiva (37.5%) se encuentran estudiantes (37.2%), personas dedicadas a los quehaceres del hogar (41.7%), jubilados o pensionados (9.2%), personas con alguna limitación física o mental que les impide trabajar (2.5%), y personas en otras actividades no económicas (9.4%).

Ahora bien, una de las principales actividades que caracteriza a Nuevo Laredo es el comercio internacional terrestre en México, ya que más del 36% del total de esta actividad cruza por dicho municipio. La economía de esta ciudad se mueve en torno a la importación y la exportación industrial y comercial entre nuestro país y los Estados Unidos por lo que es considerado como el puerto más importante de comercio internacional por tierra de América.

Es importante mencionar que en Nuevo Laredo operan nueve parques industriales, la industria manufacturera representa el 37% de la actividad económica seguida por transportes, correos y almacenamiento con un 27% y Comercio al por menor con un 11%. (INEGI, 2017).

### 4.5.3. Evaluaciones aplicadas en el municipio de Nuevo Laredo

En el año 2014 el municipio de Nuevo Laredo decidió someter al proceso de evaluación sus procedimientos bajos los lineamientos establecidos en la Agenda para el Desarrollo Municipal (ADM), cuya metodología fue promovida por el Instituto Nacional para el Federalismo para el Desarrollo Municipal (INAFED), que pertenece a la Secretaría de Gobernación. La ADM se integraba por la Agenda Básica y la Agenda Ampliada, ambas contenían indicadores de gestión y de desempeño. En ese año, Nuevo Laredo solo puso a disposición de los evaluadores académicos evidencias de indicadores de gestión y los resultados fueron los siguientes: en la Agenda Básica se encontraron 57 indicadores en color verde; 25, en color amarillo y 23, en rojo; en lo que concierne a la Agenda Ampliada hubo 48 en color verde; 10, en amarillo y 5 en rojo (INAFED, 2014).

En el año 2015 se sometieron a evaluación indicadores de gestión y desempeño de la Agenda Básica y los resultados fueron: 38 indicadores en color verde, 16 en color amarillo, 10 en rojo y 1 No Disponible (ND). En la Agenda Ampliada solo se tomaron en cuenta los indicadores de Desempeño y hubo: 13 en verde, 3 en color amarillo y 3 en rojo (INAFED, 2015).

En el año 2016, de nueva cuenta se continuaron con los procesos de evaluación, en ese año se tomaron en cuenta los indicadores de gestión y desempeño de ambas agendas. En la Agenda Básica hubo: 136 indicadores en color verde, 16 en amarillo, 23 en rojo y 13 No Disponibles. En lo que concierne a la Agenda Ampliada se encontraron: 57 en color verde, 6 en amarillo, y 6 en rojo. Durante el 2016, los catedráticos del Colegio de Tamaulipas fueron los encargados de realizar el proceso de evaluación. (INAFED, 2016).

En el año 2017, Nuevo Laredo sometió al proceso de evaluación la Agenda Básica y se encontraron: 121 indicadores en color verde, 8 amarillos, 9 en rojo, 9 No cumplieron con el Supuesto (NCS) y 22 No Disponibles (ND) (INAFED, 2017b).

En el año 2018, se presentaron evidencias de indicadores de gestión y desempeño de la Agenda Básica y los resultados fueron: 102 en color verde, 3 en amarillo, 3 en rojo, 9 NCS y 172 ND (INAFED, 2018c).

En el año 2019, Nuevo Laredo decidió evaluarse bajo los lineamientos de la Guía Consultiva de Desempeño Municipal (GDM), en este año se evaluaron los módulos 1 y 2 que corresponden a Organización y Hacienda, los cuales sumaron 36 indicadores. En estos módulos el municipio presentó: 34 indicadores en estado óptimo (en verde), los cuales representaron el 85% del total de indicadores a evaluar; durante este proceso los catedráticos de la Universidad Tecnológica de Nuevo Laredo fungieron como evaluadores (INAFED, 2020). En el módulo de Organización se registraron: 19 indicadores en estado óptimo, 1 en rezago y 1 en proceso. Respecto de los resultados del módulo de Hacienda hubo: 15 óptimos, 2 en rezago, 1 en proceso y no hubo indicadores No Medibles (SiGuía, 2019).

Durante el año 2020, el municipio optó por someter a evaluación todos los módulos de la GDM que fueron tres obligatorios —Organización, Hacienda, Gobierno Abierto— y los 5 opcionales —Gestión del Territorio,

Servicios Públicos, Medio ambiente, Desarrollo social y Desarrollo Económico—. Se mostró un nivel de avance del 85.9% con una ponderación del 85.2%. Durante este año los catedráticos del Instituto de Estudios Superiores de Tamaulipas fueron los encargados de la evaluación (INAFED, 2021c).

- Los resultados del módulo Organización, fueron: 18 en estado óptimo, 1 en proceso y 1 en rezago;
- en el módulo Hacienda, se registraron: 15 en óptimo estado, 3 en rezago y 1 en proceso;
- en el módulo Gestión del Territorio, hubo: 11 óptimos, 3 en proceso, 0 en rezago y 4 identificados como No Medibles;
- en el módulo Servicios Públicos, se localizaron: 16 óptimos, 1 en proceso, 2 en rezago y 0 como indicador No Medible;
- en el módulo Medio Ambiente, hubo: 8 óptimos, 2 en proceso, 1 en rezago y no hubo indicadores No Medibles;
- en el módulo Desarrollo Social, hubo: 10 indicadores en estado óptimo y 0 en proceso y en rezago;
- en el módulo Desarrollo Económico, se encontraron: 10 óptimos, 2 en proceso, 0 en rojo y 0 que requería información No Disponible;
- en el módulo Gobierno Abierto, hubo: 9 indicadores en estado óptimo y no se presentaron indicadores en proceso ni en rezago (SiGuía, 2020).

En el año 2021, el municipio de Nuevo Laredo continuo con los procesos de evaluación del funcionamiento de la administración pública municipal, bajo los lineamientos establecidos por la Guía Consultiva de Desempeño Municipal (GDM). En este año también presentaron evidencias de todos los módulos que integran la GDM, y los resultados que se obtuvieron por módulo fueron los siguientes:

- En el módulo Organización, se encontraron evidencias de: 18 indicadores óptimos, 2 en proceso y 0 en rezago;
- en el módulo Hacienda, hubo: 14 en estado óptimo, 1 en proceso 4 en rezago;
- en el módulo Gestión del Territorio, se presentaron: 15 como óptimos, 3 en proceso y 0 en rezago;
- en el módulo Servicios públicos, se identificaron: 17 en óptimo estado, 2 en rezago y 0 en proceso;

- en el módulo Medio ambiente, se encontraron: 11 como óptimos, 0 en proceso y 0 en rezago;
- en el módulo Desarrollo Social, hubo: 23 en estado óptimo, 1 en proceso y 0 en rezago;
- en el módulo Desarrollo Económico, se presentaron evidencias de: 11 indicadores óptimos, 1 en proceso y 0 en rezago; y, finalmente,
- en el módulo Gobierno Abierto, los 9 indicadores a evaluar se encontraron en óptimo estado (SiGuía, 2021).

Es importante mencionar que Nuevo Laredo, es el municipio que ha mostrado mayor continuidad en los procesos de evaluación desde la Agenda Desde lo Local, la Agenda para el Desarrollo Municipal y hasta la fecha con la metodología que establece la Guía Consultiva de Desempeño Municipal.

Cabe resaltar que estos mecanismos de evaluación fueron y continúan siendo promovidos por el Instituto Nacional para el Federalismo y el Desarrollo Municipal (INAFED) que pertenece a la Secretaría de Gobernación en México. Nuevo Laredo se ha destacado por obtener los mejores resultados en el estado de Tamaulipas.

## 4.6. Reynosa

### 4.6.1. Localización geográfica

El municipio de Reynosa está ubicado en la parte norte de Tamaulipas perteneciendo a la subregión 2, su cabecera se sitúa a los 26°05' de latitud norte y a los 98°18' de longitud oeste, a una altura de 38 metros sobre el nivel del mar.

Reynosa cuenta con una extensión territorial de 3,146.9 metros cuadrados, los cuales representan el 3.9% del territorio tamaulipeco. El municipio cuenta con 278 localidades, las más representativas, territorialmente hablando, son Reynosa con 691,557 habitantes, Los Cavazos con 2,094 y Alfredo V. Bonfil (Periquillos) con 1,606 habitantes. (*véase* imagen 6)

**Imagen 6**
**Reynosa, Tamaulipas**

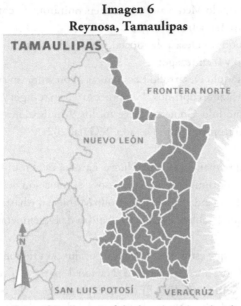

Fuente: http://www.inafed.gob.mx/work/enciclopedia/
EMM28tamaulipas/municipios/28032a.html

## 4.6.2. Indicadores

*Población, composición por sexo y edad*: El número total de habitantes de Reynosa en 2020, según el Censo de Población y Vivienda del INEGI, es de 704,767, de ellos el 49.7% son hombres y el 50.3% son mujeres, esto significa que por cada 100 mujeres hay 98 hombres; la mitad de la población tiene 28 años o menos.

*Situación conyugal:* De acuerdo con el INEGI, en el 2020, el 33.1% de la población refiere ser casada; el 32.7 %, soltera; el 22.6% menciona estar en unión libre; el 5.3% es separada; el 2.2%, divorciada; el 3.9%, viuda y el 0.1% no especificó.

*Fecundidad y mortalidad:* En mujeres de 15 a 49 años el promedio de hijos nacidos vivos es del 1.5% y el porcentaje de hijos fallecidos representa el 3.5%. (INEGI, 2020)

*Afiliación a servicios de salud:* La población total afiliada representa el 79.2%, en cuanto al tipo de servicio de salud, se muestra que el 73.6 % pertenece al IMSS; el 16.5% tiene INSABI; el 4.4%, ISSSTE; el 3.1%, Pemex defensa o marina; el 2.8% posee seguro privado y el 0.8% se encuentra afiliado a otra institución. (INEGI, 2020)

*Vivienda:* El número total de viviendas particulares habitadas es de 216,207 teniendo un promedio de ocupantes por cuarto de 1.0. Las viviendas con piso de tierra constituyen el 1.2%. Los servicios con los que se cuenta son: el 96%, con agua entubada; el 98.7%, drenaje; el 99.5%, servicio sanitario y el 99.5%, electricidad. En relación a las tecnologías de la información y comunicación el 53% refiere contar con internet; el 32.5%, televisión de paga; el 34.1%, computadora; el 93.7%, teléfono celular y el 34.8%, teléfono fijo. (INEGI, 2020)

*Características educativas:* En la población de 15 años y más los niveles de escolaridad están conformados por: sin escolaridad (2.5%), nivel básico (49.1%), nivel medio superior (28.5%), nivel superior (19.5%), y no especificado (0.4%). En torno a la tasa de alfabetización el 98.9% de las personas en edades de 15 a 24 años saben leer y escribir como también lo hace el 97.5% de las personas de 25 años y más. (INEGI, 2020)

*Actividades económicas:* En este municipio se encuentra que el 66% de la población es económicamente activa, siendo el 58.7% hombres y el 41.3% mujeres, la población económicamente inactiva queda representada por el 33.8%, donde se encuentran estudiantes (38.4%), personas dedicadas a los quehaceres del hogar (41.6%), jubilados o pensionados (8.1%), personas con alguna limitación física o mental que les impide trabajar (2.5%) y personas en otras actividades no económicas (9.5%).

Las actividades económicas de Reynosa se encuentran divididas por sectores, en el sector primario se expresa que se realiza la agricultura, la ganadería, la silvicultura y la pesca, por otra parte, en el sector secundario que corresponde a la industria se encuentra la manufacturera, la construcción, la electricidad y el agua, por último, el sector terciario representa al servicio como el comercio, el transporte, el turismo y la administración pública.

## 4.6.3. Evaluaciones aplicadas en el municipio de Reynosa

En el año 2014, el municipio de Reynosa sometió a evaluación sus procesos bajo los lineamientos de la Agenda para el Desarrollo Municipal, dicha metodología fue promovida por el Instituto Nacional para el Federalismo y el Desarrollo Municipal (INAFED) de la Secretaría de Gobernación, en esa ocasión se tomaron en cuenta las evidencias de indicadores de gestión que consideraban la Agenda Básica y la Agenda Ampliada. Los resultados se presentaron de la siguiente manera:

a) En la Agenda Básica, 63 en color verde, 29 en amarillo, 13 en rojo.
b) En la Agenda Ampliada se encontraron: 42 indicadores en color verde, 7 en amarillo y 14 en rojo (INAFED, 2014).

En el año 2015 y 2016 el municipio no fue evaluado y fue hasta en el año 2017 cuando retomo los procesos de evaluación, así que trabajó la información relacionada con los indicadores de gestión en:

a) La Agenda Básica, cuyos resultados fueron: 57 en color verde, 26 en amarillo, 22 en rojo y 9 No Cumplieron con el Supuesto (NCS).
b) En la Agenda Ampliada, evaluada a nivel de gestión, se encontraron: 14 indicadores en verde, 25 en amarillo, 30 en rojo y 15 NCS (INAFED, 2017b).

En el 2018, se presentaron evidencias de los indicadores de gestión y desempeño de ambas agendas, en este sentido, los resultados obtenidos fueron:

a) En la Agenda Básica presentaron: 34 indicadores en color verde, 54 en amarillo, 21 en color rojo, 8 NCS y 55 NCS;
b) en la Agenda Ampliada se encontraron: 39 indicadores en color verde, 18 en amarillo, 31 en rojo y 8 ND (INAFED, 2018c).

Durante el año 2019, el municipio de Reynosa participó en el proceso de evaluación bajo los lineamientos de la Guía Consultiva de Desempeño municipal (GDM). En ese año el Instituto Nacional para el Federalismo y el Desarrollo Municipal (INAFED) dispuso que solo se evaluaran los módulos 1 y 2 correspondientes a Organización y Hacienda, los cuales sumaban 36 indicadores (19 de gestión y 17 de desempeño); al respecto, Reynosa mostró evidencias de 32 indicadores en estado óptimo, es decir, en color verde obteniendo un resultado del 80% y los catedráticos de la Universidad Autónoma de Tamaulipas fueron los encargados del proceso de evaluación (INAFED, 2020). En los resultados del módulo de Organización se encontraron: 17 indicadores en estado óptimo, 3 en rezago y 1 en proceso. En lo que concierne al módulo de Organización se localizaron: 15 indicadores en óptimo estado, 1 en rezago, 3 en proceso y ninguno fue considerado como No Medible. (SiGuía, 2019).

En el año 2020, Reynosa sometió al proceso de evaluación los módulos obligatorios de la GDM integrados por:

1) Organización,
2) Hacienda y
8) Gobierno abierto.

Los módulos sumaron 44 indicadores de los cuales 25 fueron de gestión y los 19 restantes de desempeño, el municipio mostró un avance del 87.2% con una ponderación de 85.1%, dicho avance fue el más alto de los municipios que evaluaron los módulos obligatorios en el estado de Tamaulipas, en esta ocasión la Universidad Politécnica de Altamira fue la encargada de dirigir el proceso de evaluación de indicadores (INAFED, 2021c). En los resultados del módulo de Organización se identificaron: 17 indicadores en estado óptimo, 2 en proceso y 1 en rezago; en lo que concierne al módulo de Hacienda se encontraron: 15 óptimos, 2 en rezago, 1 en proceso 1 con característica No Medibles; finalmente, en el módulo que corresponde a Gobierno Abierto se registraron: 9 indicadores en óptimo estado, 0 en proceso y 0 en rezago (SiGuía, 2020).

En el año 2021, el municipio de Reynosa continúo sometiendo sus procesos a evaluación bajo los lineamientos establecidos por la Guía Consultiva de Desempeño Municipal (GDM), en esta ocasión presentó evidencias de los 8 módulos que integran la GDM y los resultados en cada uno de los módulos fueron los siguientes:

• En el módulo, 1) Organización, se presentaron evidencias de 18 indicadores en estado óptimo, 1 en proceso y 1 en rezago;

- en el 2) Hacienda, tuvo 16 indicadores en óptimo estado, 1 en proceso y 2 en rezago;
- en el 3) Gestión del Territorio, se encontraron 5 en estado óptimo, 9 en proceso, 0 en rezago y 4 considerados como No Medibles;
- en el 4) Servicios públicos, de identificaron 9 indicadores óptimos, 6 en proceso, 3 en rezago y 1 indicador requería de información No Disponible;
- en el 5) Medio Ambiente, se presentaron 6 indicadores en óptimo estado, 4 en proceso y 1 en rezago;
- en el 6) Desarrollo Social, hubo 22 indicadores en estado óptimo, 2 en proceso y 0 en rezago;
- en el 7) Desarrollo Económico, se tuvo 6 indicadores óptimos, 3 en proceso y 3 en rezago; finalmente,
- en el 8) Gobierno Abierto, los 9 indicadores a evaluar estuvieron en óptimo estado. (SiGuía, 2021).

## 4.7. Río Bravo

### 4.7.1. Localización geográfica

El municipio de Río Bravo se localiza a los 25° 59' de latitud norte y a los 98° 06' de longitud oeste, a una altitud de 139 metros sobre el nivel del mar. Este municipio está ubicado en la parte noreste del estado de Tamaulipas y pertenece a la Subregión Reynosa No. 2 formando parte del sistema regional de la cuenca del Río Bravo, asimismo colinda al norte con los Estados Unidos de Norteamérica por medio del Río Bravo; al sur, con los municipios de San Fernando y Méndez; al oriente, con los municipios de Valle Hermoso y Matamoros; y al poniente con el Municipio de Reynosa.

Río Bravo cuenta con una extensión territorial de 1,583.7 kilómetros cuadrados, los cuales representan el 2% del territorio estatal. Este municipio cuenta con 352 localidades, las más representativas, demográficamente hablando, son Ciudad Río Bravo con 111,314 habitantes, Nuevo Progreso con 10,272 y Santa Apolonia cuenta con 1,371 habitantes. (*véase* imagen 7)

**Imagen 7**
**Río Bravo, Tamaulipas**

Fuente: http://www.inafed.gob.mx/work/enciclopedia/
EMM28tamaulipas/municipios/28033a.html

### 4.7.2. Indicadores

*Población, composición por sexo y edad:* La población total es de 132,484 de los cuales el 49.9% son hombres y el 50.1% son mujeres. La edad media de los habitantes es de 29 años o menos. (INEGI, 2020)

*Situación conyugal:* Los datos del INEGI (2020) indican que el 35.7% de la población es casada; el 32%, soltera; el 19.4%, en unión libre; el 5.4%, separada; el 2.3%, divorciada y, finalmente, el 5.3% representa la población viuda.

*Fecundidad y mortalidad:* En mujeres de 15 a 49 años el promedio de hijos nacidos vivos es de 1.7% y el porcentaje de hijos fallecidos representa el 3.1%. (INEGI, 2020)

*Afiliación a servicios de salud:* La población total afiliada es del 73.4%, en cuanto a los diversos servicios de salud se encuentra que: El 62.2% está afiliada al IMSS, el 27.7% está registrada al INSABI; el 7.4%, al ISSSTE;

el 0.1%, a Pemex, defensa o marina; el 2.5% tiene seguro privado y el 0.4% pertenece a otra institución. (INEGI, 2020)

*Vivienda:* El número total de viviendas particulares habitadas es de 38,901; el promedio de ocupantes por vivienda es de 3.4. Respecto de las viviendas con piso de tierra, se encuentra que representan el 1.5%, distribuidas en el municipio. Por otra parte, y en torno a la disponibilidad de los servicios con los que cuenta la casa se indica que el 89% cuenta con agua entubada; el 94.5%, con drenaje; el 99.5%, con servicio sanitario y el 99.2%, con electricidad. En cuanto a la disponibilidad de las Tecnologías de la Información se encuentra que el 47.9% tiene internet; el 22%, televisión de paga; el 29.2% tiene computadora; el 91.3%, teléfono celular y el 32.7%, teléfono fijo. (INEGI, 2020)

*Características educativas:* En los niveles de escolaridad de la población de 15 años y más se expresa que el 4.2% no tiene ninguna escolaridad, el 57.3% tiene el nivel básico; el 23.6%, el nivel medio superior; el 14.6%, el nivel superior, y el 0.2% no especifica. En cuanto a la tasa de alfabetización, se observa que el 98.7% de las personas de 15 a 24 años saben leer y escribir y las personas de más de 25 años y más también, lo que representa el 95.7%. (INEGI, 2020)

*Actividades económicas:* Las personas económicamente activas en este municipio representa el 62.2% de la población de los cuales el 61.9% son hombres y el 46% mujeres, de otro modo la población económicamente inactiva se conforma del 37.5% de la población en la que se encuentra el 32.1% de estudiantes, 46% personas dedicadas a los quehaceres del hogar, 7.9% jubilados o pensionados, 3.9% personas con alguna limitación física o mental que les impide trabajar y el 10.1% de personas en otras actividades no económicas. (INEGI, 2020)

En Río Bravo las principales actividades económicas están identificadas en el sector primario, se desarrolla la agricultura, la ganadería, la silvicultura y la pesca; por otra parte, en el sector secundario, que corresponde a la industria, se encuentra la manufacturera, la construcción, la electricidad y el agua; por último, el sector terciario, representa a los servicios como el comercio, el transporte, el turismo y la administración pública.

**4.7.3. Evaluaciones aplicadas en el municipio de Río Bravo**

En los años 2014, 2015 y 2016, el municipio de Río Bravo no sometió a evaluación sus procesos y fue hasta en el año 2017 cuando lo hizo bajo los lineamientos establecidos en la Agenda para el Desarrollo Municipal, esta metodología —promovida por el Instituto Nacional para el Federalismo y el Desarrollo Municipal (INAFED)— se integraba por indicadores de gestión y desempeño, distribuidos en dos agendas; la Agenda Básica y la Agenda Ampliada.

En el año 2017, Río Bravo sometió a proceso de evaluación los indicadores de gestión en la Agenda Básica y obtuvo como resultado: 32 indicadores en color verde, 23 en color amarillo, 51 en rojo, 9 No Cumplieron con el Supuesto (NCS), y 0 solicitaron información No Disponible (ND) (INAFED, 2017b).

En el año 2018, Río Bravo sometió a proceso de evaluación los indicadores de gestión y desempeño de la agenda Básica, presentando los siguientes resultados: 27 indicadores en color verde, 35 en amarillo, 43 en rojo, 13 NCS y 55 ND (INAFED, 2018c).

En el año 2019, Río Bravo fue uno de los municipios fronterizos que decidió evaluarse bajos los lineamientos de la Guía Consultiva de Desempeño Municipal (GDM), mostró evidencias de 27 indicadores en estado óptimo (color verde), de los 36 evaluados en los módulos

1) Organización y
2) Hacienda

Los catedráticos de la Universidad Autónoma de Tamaulipas (UAT) fueron los encargados del proceso de evaluación (INAFED, 2020).

Es importante mencionar que los resultados que corresponden al módulo de Organización fueron: 16 en estado óptimo, 3 en rezago y 2 en proceso. En lo concerniente a los resultados del módulo de Hacienda, se encontraron 11 óptimos, 4 en rezago, 1 en proceso y 3 identificados como No Medibles (SiGuía, 2019).

En el 2020, el municipio de Río Bravo sometió a proceso de evaluación los 3 módulos de la GDM considerados como obligatorios por el Instituto Nacional para el Federalismo y el Desarrollo Municipal (INAFED), los cuales fueron:

1) Organización,
2) Hacienda y
8) Gobierno Abierto

Río Bravo presentó un avance del 68.2% en atención a dichos indicadores, con una ponderación del 63.1%; en este año, y de nueva cuenta, los catedráticos de la UAT realizaron el proceso de evaluación (INAFED, 2021c).

Los resultados del Módulo de Organización fueron 13 óptimos, 3 en proceso y 4 en rezago; en el módulo de Hacienda hubo 11 óptimos, 4 en rezago, 0 en proceso y 4 registrados como No Medibles; finalmente, en el módulo correspondiente a Gobierno Abierto se encontraron 6 indicadores óptimos, 2 en proceso y 2 en rezago (SiGuía, 2020).

## 4.8. San Fernando

### 4.8.1. Localización geográfica

San Fernando se encuentra en las coordenadas 24°50' de latitud norte y 98°09' de longitud oeste, a una altura de 40 metro sobre el nivel del mar. Limita al norte con los municipios de Río Bravo y Matamoros; al sur con los de Abasolo y Soto La Marina; al este con la Laguna Madre y el Golfo de México y al oeste con los municipios de Méndez, Burgos y Cruillas.

El municipio de San Fernando cuenta con 6,918.8 kilómetros cuadrados, los cuales representan el 8.6% del territorio en Tamaulipas. Está integrado por 265 localidades y las más representativas, por su cantidad poblacional, son San Fernando que cuenta con 28,215 habitantes, General Francisco Villa con 3,138 y Carboneras (La Carbonera) con 2,614 habitantes respectivamente. (*véase* imagen 8)

**Imagen 8**
**San Fernando, Tamaulipas**

Fuente: http://www.inafed.gob.mx/work/enciclopedia/
EMM28tamaulipas/municipios/28035a.html

## 4.8.2. Indicadores

*Población, composición por sexo y edad*: La población total en el municipio es de 51,405, de los cuales el 50% son hombres y el 50% mujeres. La edad media de la población es de treinta años o menos. (INEGI, 2020)

*Situación conyugal:* Los datos del INEGI (2020) indican que el 41.2% de la población es casada; el 27.6%, soltera; el 19.1% se encuentra en unión libre; el 4.6%, separada; el 1.4%, divorciada y el 6.1% representa la población viuda.

*Fecundidad y mortalidad:* En mujeres de 15 a 49 años, el promedio de hijos nacidos vivos es de 1.8% y el de hijos fallecidos es de 2.5%. (INEGI, 2020)

*Afiliación a servicios de salud:* La población total afiliada es del 84.4%. En cuanto a los diversos servicios de salud se encuentra que el 71.8% está afiliada al INSABI; el 19.1%, al IMSS; el 8.3%, al ISSSTE; el 0.2%, a Pemex, defensa o marina; el 0.6% tiene seguro privado y el 0.5% pertenece a otra institución. (INEGI, 2020)

*Vivienda:* El número total de viviendas particulares habitadas es de 15,531, el promedio de ocupantes por vivienda es de 3.3; las viviendas con piso de tierra representan el 2.9%. Respecto de la disponibilidad de los servicios con los que cuenta la casa se encontró que el 50.8% cuenta con agua entubada; el 62.1%, con drenaje; el 99.1%, con servicio sanitario y el 97.8%, con electricidad. En cuanto a la disponibilidad de las Tecnologías de la Información se encuentra que el 31.2% tiene internet; el 40%, televisión de paga; el 18.6% tiene computadora; el 90.1% cuenta con teléfono celular y el 19.3% tiene teléfono fijo.

*Características educativas:* En los niveles de escolaridad de la población de 15 años y más se expresa que el 5.3% no tiene ninguna escolaridad, el 61.7% tiene el nivel básico; el 21.6%, nivel medio superior; el 11.3%, nivel superior, y el 0.1% no especifica. En cuanto a la tasa de alfabetización se observa que el 99% de las personas de 15 a 24 años saben leer y escribir y las personas de 25 años y más representan el 93.9%.(INEGI, 2020)

*Actividades económicas:* Según los datos del censo de población y vivienda 2020, en San Fernando, el 57.6% de la población total se encuentra económicamente activa, dentro de este porcentaje el 65.8% son hombres mientras que el 34.2% son mujeres, dentro de la población económicamente inactiva (40%) se encuentran estudiantes (30.1%), personas dedicadas a los quehaceres del hogar (50.5%), jubilados o pensionados (3.5%), personas con alguna limitación física o mental que les impide trabajar (7.1%), y personas en otras actividades no económicas (8.8%).

De acuerdo con Vázquez, González y Muñoz (s.f) el municipio de San Fernando se caracteriza por la producción agrícola, ganadera y pesquera, en la producción agrícola sus principales cultivos son el maíz, el frijol, el sorgo, el girasol, el trigo y la soya. En cuanto a la producción ganadera se crían especies de bovinos, porcinos, ovinos y equinos, al igual que la crianza de aves de engorda. En relación a la actividad pesquera, las principales especies que se capturan son la lisa, la trucha, el camarón, la curvina, el cazón, la jaiba y el ostión.

Continuando con ello también se presentan actividades relacionadas con la industria y al comercio, ya que en San Fernando existen diversos centros de recepción y distribución de los recursos pesqueros.

### 4.8.3. Evaluaciones aplicadas en el municipio de San Fernando

En los años 2014, 2015, 2016, y 2017 no se evaluó en municipio de San Fernando y fue hasta en el 2018 cuando tomó la decisión de participar en los procesos de evaluación bajo los lineamientos de la Agenda para el Desarrollo Municipal (ADM) considerada como una metodología promovida por el Instituto Nacional para el Federalismo y el Desarrollo Municipal (INAFED). La agenda se integraba por indicadores de gestión y desempeño en sub-agendas denominadas la Agenda Básica y la Agenda Ampliada.

La ADM facilitaba identificar las áreas de oportunidad que tenían los municipios en materia de desarrollo territorial, servicios públicos, seguridad pública y desarrollo institucional, estos temas estaban localizados en la Agenda Básica, primera parte de la guía metodológica y también consideraba aspectos relacionados con el desarrollo social, económico y ambiental en la Agenda Ampliada. Como se mencionó anterior mente, fue en el 2018 cuando San Fernando se sometió a proceso de evaluación presentando evidencias de los indicadores de gestión y desempeño de la Agenda Básica y los resultados se presentaron de la siguiente forma 3 indicadores en color verde, 34 en amarillo, 68 en rojo, 13 No Cumplieron con el Supuesto y 55 No Disponibles (INAFED, 2018c).

En el año 2019, San Fernando participó en el proceso de evaluación con los lineamientos de la Guía Consultiva de Desempeño Municipal (GDM), presentó 27 indicadores en estado óptimo (color verde) que representaron el 73%. En este año, se evaluaron dos módulos —Organización y Hacienda— que sumaron 19 indicadores de gestión y 17 de desempeño (INAFED, 2020). Los resultados de dichos módulos fueron los siguientes:

1. en el módulo de Organización se presentaron 11 indicadores en estado óptimo, 5 en rezago y 3 en proceso; y
2. en el módulo de Hacienda hubo 9 óptimos, 4 en rezago, 2 en proceso y 4 registrados como No Medibles. (SiGuía, 2019).

En el año 2020, el municipio participó con la evaluación a los 3 módulos obligatorios —Organización, Hacienda y Gobierno abierto— mostrando un avance del 53.3% con una ponderación del 58.7%. La institución encargada de realizar el proceso de revisión de evidencias fue El Colegio de Tamaulipas (INAFED, 2021c). Los resultados correspondientes son:

- en el módulo de Organización, se localizaron 8 como óptimos, 7 en proceso y 5 en rezago;
- en el módulo de Hacienda se encontraron 13 en óptimo estado, 1 en rezago, 2 en proceso y 3 fueron considerados como indicadores No Medibles;
- en el módulo de Gobierno Abierto se registraron 3 indicadores en estado óptimo, 3 en proceso y 3 en rezago (SiGuía, 2020).

Durante el 2021, el municipio de San Fernando decidió continuar con los procesos de evaluación de sus procesos bajo los lineamientos de la Guía Consultiva de Desempeño Municipal (GDM), en ese año se presentaron evidencias de los 8 módulos que integran la GDM, en este sentido, los resultados fueron los siguientes:

- En el módulo 1) Organización, se presentaron evidencias de 6 indicadores que fueron considerados en estado óptimo; 8 en proceso, 2, en rezago y de 4 indicadores no se presentaron evidencias;
- en el 2) Hacienda, se encontraron: 9 óptimos, 3 en proceso, 4 en rezago y 3 solicitaron información No Disponible;
- en el 3) Gestión del Territorio, hubo 2 indicadores en estado óptimo, 6 en proceso y 9 en rezago;
- en el 4) Servicios Públicos, se identificaron 4 indicadores en óptimo estado, 5 en proceso, 3 en rezago y en 7 se solicitó información No Disponible en el municipio;
- en el 5) Medio Ambiente, se registraron 2 indicadores en proceso, 8 en rezago y 0 en estado óptimo;
- en el 6) Desarrollo Social, hubo 6 indicadores en estado óptimo, 6 en proceso y 12 en rezago,
- en el módulo 7) Desarrollo Económico, se encontraron 2 indicadores en estado óptimo, 8 en rezago y 0 en proceso; finalmente,
- en el módulo 8) Gobierno Abierto, se registraron evidencias de 3 indicadores en óptimo estado, 3 en proceso, 2 en rezago y de 1 no se presentó información (SiGuía, 2021).

## 4.9. Tampico

### 4.9.1. Localización geográfica

La cabecera municipal de Tampico se localiza en las coordenadas 97°52' de longitud y a los 22°17'10" de latitud; a una altura de 30 metros sobre el nivel del mar. Colinda al norte con él la ciudad de Altamira, al este con el municipio de Madero, al sur con Tampico Alto y con el estado de Veracruz, y al oeste con la población de Ébano en el estado de San Luis Potosí.

La superficie territorial del municipio es de 114.5 kilómetros cuadrados, los cuales representan el 0.1% del territorio tamaulipeco. Tamaulipas está integrado por 7 localidades y las más representativas, por su cantidad poblacional, son Tampico que cuenta con 297,373 habitantes, Cruz grande (Estero del Camalote) con 107 y La Isleta (Río Tamesí) con 36 habitantes. (*véase* imagen 9)

**Imagen 9**
**Tampico, Tamaulipas**

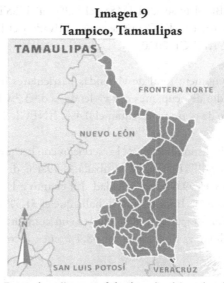

Fuente: http://www.inafed.gob.mx/work/enciclopedia/
EMM28tamaulipas/municipios/28038a.html

**4.9.2. Indicadores**

*Población, composición por sexo y edad:* La población total es de 297,562 habitantes de los cuales el 47% son hombres y el 52.4% son mujeres, por lo tanto, por cada 100 mujeres existen 90 hombres, otro dato importante que debe indicarse es que la edad media de la población es de 35 años o menos. (INEGI, 2020)

*Situación conyugal:* Los datos del INEGI (2020) indican que el 36.9% de la población es casada; el 35.9%, soltera; el 13.2 %, en unión libre; el 4.7%, separada; el 3.1%, divorciada y el 6.0% representa la población viuda.

*Fecundidad y mortalidad:* En mujeres de 15 a 49 años el promedio de hijos nacidos vivos es de 1.2% y el porcentaje de hijos fallecidos representa el 2.6%. (INEGI, 2020)

*Afiliación a servicios de salud:* La población total afiliada es del 79.7%, en cuanto a los diversos servicios de salud se encuentra que el 15.4% está afiliada al INSABI; el 65.4%, al IMSS; el 9.3%, al ISSSTE; el 7.1%, a Pemex, defensa o marina, el 3.6% tiene seguro privado y el 1.1% pertenece a otra institución. (INEGI, 2020)

*Vivienda:* El número total de viviendas particulares habitadas es de 93,833, el promedio de ocupantes por vivienda es de 3.3 y la cantidad de viviendas con piso de tierra representan el 0.4%. (INEGI, 2020)

Respecto de la disponibilidad de los servicios con los que cuenta la casa se encontró que el 97.1% tiene agua entubada; el 99.4%, drenaje; el 99.5%, servicio sanitario y el 99.6%, electricidad. En cuanto a la disponibilidad de las Tecnologías de la Información se halla que el 71.5% tiene internet; el 54.6%, televisión de paga; el 50% cuenta con computadora; el 93.4% tiene teléfono celular y, finalmente, el 58.4% cuenta con teléfono fijo. (INEGI, 2020)

*Características educativas:* En los niveles de escolaridad de la población de 15 años y más se expresa que el 1.8% no tiene ninguna escolaridad, el 35.1% tiene el nivel básico; el 26.4%, nivel medio superior; el 36.5%, nivel superior y el 0.1% no especifica. En cuanto a la tasa de alfabetización se observa el 99.3% de las personas de 15 a 24 años saben leer y escribir y las personas de 25 años y más representan el 98.1%. (INEGI, 2020)

*Actividades económicas:* Las personas económicamente activas en este municipio representa el 59.1% de la población de los cuales el 56% son hombres y el 44% mujeres, mientras que la población económicamente inactiva se conforma del 40.7% de la población entre la que se encuentra el 35% de estudiantes, 37.1% personas dedicadas a los quehaceres del hogar, 17.2% jubilados o pensionados, 3.3% personas con alguna limitación física o mental que les impide trabajar y el 7.4% de personas en otras actividades no económicas. (INEGI, 2020)

En Tampico la principal actividad económica es la relacionada con la industria del petróleo, siguiendo de la agricultura, el comercio, la industria de servicios y la pesca.

**4.9.3. Evaluaciones aplicadas en el municipio de Tampico**

El municipio de Tampico promovió sus procesos de evaluación en el año 2017 bajo los lineamientos de una metodología federal, llamada Agenda para el Desarrollo Municipal (ADM) promovida por el Instituto Nacional para el Federalismo y el Desarrollo Municipal (INAFED) de la Secretaría de Gobernación, dicha agenda se integraba de dos partes:

1) Agenda Básica que contenía indicadores de gestión y desempeño de temas relacionados con desarrollo territorial, servicios públicos, seguridad pública y desarrollo institucional y
2) Agenda Ampliada que también integraba indicadores de gestión y desempeño de temas relacionados con desarrollo social, desarrollo económico y desarrollo ambiental.

En el año 2017, Tampico sometió a procesos de evaluación evidencias que correspondían a los indicadores de gestión de la Agenda Básica y sus resultados fueron 65 en color verde, 16 en amarillo, 24 en rojo, y 9 No Cumplieron con el Supuesto (NCS); en lo que concierne a la Agenda Ampliada también se presentaron evidencias de los indicadores de gestión y se encontraron 51 en color verde, 4 en amarillo, 8 en rojo, 20 NCS (INAFED, 2017b).

En el año 2018 se continuó con los procesos de evaluación y en ese año se presentaron evidencias de indicadores de gestión y desempeño de las agendas Básica y Ampliada y los resultados fueron los siguientes:

- En la Agenda Básica hubo 77 indicadores en color verde, 20 en amarillo, 9 en rojo, 12 No Cumplieron con el Supuesto (NCS) y 54 No Disponibles (ND), y
- en la Agenda Ampliada se encontraron 55 en color verde, 3 en amarillo, 5 en color rojo, 30 NCS y 3 ND (INAFED, 2018c).

En el año 2019, el municipio participó en los procesos de evaluación con los lineamientos establecidos por la Guía Consultiva de Desempeño Municipal (GDM) y mostró en estado óptimo (color verde) 21 indicadores que representaron el 52.5% de ponderación en el proceso de evaluación. En ese año, solo fueron considerados los módulos de Organización y Hacienda que sumaban 36 indicadores —19 de gestión y 17 de desempeño—. Las universidades encargadas del proceso de evaluación fueron la Universidad Autónoma de Tamaulipas y la Universidad Tecnológica de Altamira (INAFED, 2020). Los resultados del módulo de organización registraron 9 indicadores óptimos; 7, en rezago y 5 en proceso; en lo que concierne al módulo de Hacienda se presentaron evidencias que permitieron considerar 12 indicadores como óptimos, 7 en rezago, 0 en proceso y 0 tipificados como No Medibles (SiGuía, 2019).

En el año 2020, el municipio de Tampico participó en la GDM y sometió al proceso de evaluación los tres módulos obligatorios que promovió el Instituto Nacional para el Federalismo y el Desarrollo Municipal (INAFED) que fueron

- Organización,
- Hacienda y
- Gobierno abierto

El total de indicadores evaluar fueron 44, de los cuales 25 eran de gestión y 19 de desempeño. Tampico mostró un avance del 68.1% que representó una ponderación del 70.4%; en esta ocasión, fue la Universidad Tecnológica de Nuevo Laredo la encargada de realizar el proceso de evaluación (INAFED, 2021c). Los resultados mostrados fueron:

- en el módulo de Organización se presentaron 13 considerados como óptimos, 4 en proceso y 3 en rezago;
- en el módulo de Hacienda hubo 12 indicadores óptimos, 5 en rezago, 1 en proceso y 1 considerado como indicador No Medible;
- en lo que corresponde al módulo de Gobierno Abierto se encontraron 7 indicadores clasificados como en estado óptimo, 2 en rezago y 2 en proceso (SiGuía, 2020).

En el año 2021, el municipio de Tampico continuó con los procesos de evaluación de sus procesos bajo los lineamientos establecidos en la Guía Consultiva de Desempeño Municipal (GDM) y en esta ocasión decidió presentar evidencias de los 8 módulos que integran la GDM y los resultados fueron los siguientes:

- En el módulo 1) Organización se encontraron evidencias de 11 indicadores en estado óptimo, 6 en proceso y 3 en rezago;
- en el 2) Hacienda, hubo 10 indicadores en óptimo estado, 1 en proceso, 7 en rezago y 1 indicador requería de información No Medible;
- en el 3) Gestión del Territorio, se identificaron 13 indicadores en proceso, 1 en óptimo, 3 en rezago;
- en el módulo 4) Servicios Públicos, se contabilizaron 8 indicadores óptimos, 6 en proceso, 0 en rezago, 1 indicador requería de información No Disponible por el municipio y 4 solicitaron información No Medible;
- en el 5) Medio Ambiente, hubo 7 indicadores en estado óptimo, 1 en proceso, 2 en rezago, 1 requería información No Medible y 1 más solicitaba datos No disponibles en el ayuntamiento;
- en el 6) Desarrollo Social, se encontraron 17 indicadores en estado óptimo, 6 en proceso y 1 en rezago; finalmente,
- en el módulo 8) Gobierno Abierto, se localizaron 5 indicadores en óptimo estado, 3 en proceso y 1 en rezago.

## 4.10. Valle Hermoso

### 4.10.1. Localización geográfica

El municipio de Valle Hermoso se encuentra ubicado en la parte noreste de Tamaulipas y pertenece a la Subregión Reynosa Número 2; colinda al norte, al este y al suroeste con el municipio de Matamoros; al oeste y suroeste con el Río Bravo. Su cabecera municipal se encuentra localizada a los 25º40' de latitud norte y a los 97º49' de longitud oeste, a una altitud de 27 metros sobre el nivel del mar. La superficie territorial es de 899.8 kilómetros cuadrados y representa el 1.1% del territorio tamaulipeco.

Valle Hermoso está integrado por 240 localidades, las más representativas, por su cantidad poblacional, son Valle Hermoso con 48,172 habitantes, Anáhuac con 3,371 y El Realito con 2,890 respectivamente. (*véase* imagen 10)

**Imagen 10**
**Valle Hermoso, Tamaulipas**

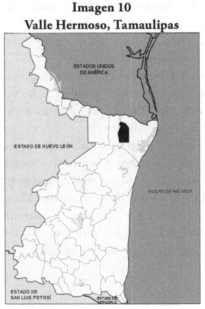

Fuente: https://es.m.wikipedia.org/wiki/Archivo:
Valle_Hermoso_en_Tamaulipas.svg

**4.10.2. Indicadores**

*Población, composición por sexo y edad:* Los datos del INEGI (2020) expresan que la población total consta de 60,055 habitantes, de los cuales el 49% son hombres y el 51% son mujeres, esto quiere decir que por cada 100 hombres hay 96 mujeres, la edad mediana de la población es de 31 años o menos.

*Situación conyugal:* Aquí se aprecia que el 43.739.8% de la población es casada; el 29.5%, soltera; el 16.7% se encuentra en unión libre; el 5.6%, separada; el 2.1%, divorciada; el 6.3% representa la población viuda. (INEGI, 2020)

*Fecundidad y mortalidad:* En mujeres de 15 a 49 años, el promedio de hijos nacidos vivos es de 1.8 y el porcentaje de hijos fallecidos es de 2.9%. (INEGI, 2020)

*Afiliación a servicios de salud:* La población total afiliada representa el 82%, en cuanto a los servicios de salud se encuentra que el 50.7% está afiliada al INSABI; el 39.1%, al IMSS; el 8.3%, al ISSSTE; el 2% posee un Seguro privado y el 0.7%, a otra institución. (INEGI, 2020)

*Vivienda:* El número total de viviendas particulares habitadas es de 18,129 y el promedio de ocupantes por vivienda es de 3.3. Las viviendas con piso de tierra representan el 0.7%. En relación con la disponibilidad de los servicios de la vivienda el 90.2% refiere tener agua entubada; el 94.4%, drenaje; el 99.2%, servicio sanitario y el 98.6%, electricidad. Respecto de las Tecnologías de Información, el 50.6% de las viviendas cuentan con internet; el 30.8%, con televisión de paga; el 28.4% tiene computadora; el 91.7%, cuenta con teléfono celular y el 30.5% tiene teléfono fijo. (INEGI, 2020)

*Características educativas:* Al considerar la población de 15 años y más, el 3.7% de la población no tiene escolaridad, el 57.1% tiene educación básica; el 22.0%, media superior; el 17.1%, Superior y el 0.1% no especificó. La tasa de alfabetización es del 99.1% en personas de 15 a 24 años y del 95.9% en personas de 25 años y más. (INEGI, 2020)

*Actividades económicas:* En personas de 12 años y más la población económicamente activa representa el 59.6%, de ellos el 61.7% son hombres y el 38.3% son mujeres, la población económicamente inactiva representa el 40.2% de la población, de ellos el 29.9% corresponden a estudiantes, el 47.7% a personas dedicadas a los quehaceres del hogar, el 7.1% a jubilados o pensionados, el 7.0% a personas con alguna limitación física o mental que les impide trabajar y el 8.3% a personas en otras actividades no económicas. (INEGI, 2020)

Dentro de las actividades económicas en este municipio se expresa que el primer lugar lo tienen los negocios al por menor, seguido de las industrias manufactureras, luego siguen los servicios de alojamiento temporal y de preparación de alimentos y bebidas y por último se encuentran las actividades sobre aprovechamiento forestal, pesca y caza.

### 4.10.3. Evaluaciones aplicadas en el municipio de Valle Hermoso

En el año 2015, el municipio de Valle Hermoso promovió sus procesos de evaluación, bajo los lineamientos de una metodología federal, nombrada como Agenda para el Desarrollo Municipal (ADM) y que fue promovida por el Instituto Nacional para el Federalismo y el Desarrollo Municipal (INAFED) de la Secretaría de Gobernación. La ADM se integraba por dos sub-agendas, la Básica que integraba indicadores de gestión y desempeño en temas relacionados con Desarrollo territorial, servicios públicos, seguridad pública y desarrollo institucional y la Ampliada que abordaba aspectos relacionados con desarrollo económico, desarrollo social y desarrollo ambiental, estos temas también incluían indicadores de gestión y desempeño. En el año 2015 Valle Hermoso sometió a proceso de evaluación los indicadores de gestión de la Agenda Básica y se localizaron 5 indicadores en color verde, 10 en amarillo, y 19 en rojo (INAFED, 2015).

En el año 2016, Valle Hermoso no participó. En el año 2017 presentó evidencias de los indicadores de gestión de la Agenda Básica, donde obtuvo: 23 indicadores en color verde, 41 en amarillo, 41 en rojo, 13 No Cumplieron con el Supuesto (NCS) y 52 indicadores fueron considerados como No Disponibles (ND); en lo que concierne a la Agenda Ampliada, 22 estuvieron en color verde, 23 en color amarillo, 34 en color rojo, 7 NCS, y 5 ND (INAFED, 2017b).

En el año 2018, Valle Hermoso trabajó los indicadores de Gestión y Desempeño de la Agenda básica y los resultados fueron 27 en color verde, 35 en amarillo, 43 en rojo, 7 NCS y 5 ND (INAFED, 2018c).

En el año 2019, Valle Hermoso participó en los procesos de evaluación promovidos por el Instituto Nacional para el Federalismo y el Desarrollo Municipal (INAFED) con los lineamientos establecidos en la Guía Consultiva de Desempeño Municipal (GDM), en ese año, fueron 2 los módulos sugeridos a evaluarse:

1)  Organización y
2)  Hacienda

que sumaban 36 indicadores de los cuales 19 fueron de gestión y 17 de desempeño. Valle Hermoso mostró evidencias de 15 indicadores en estado óptimo (color verde) que sumaron un resultado del 41.7%. La Universidad Autónoma de Tamaulipas participó como Institución de Educación Superior evaluadora del municipio (INAFED, 2020). El comportamiento de los indicadores se presentó de la siguiente forma:

•   En el módulo de Organización se identificaron 10 indicadores óptimos; 8, en rezago y 3 en proceso;
•   en lo que concierne al módulo de Hacienda hubo 5 indicadores considerados como óptimos, 5 en rezago, 3 en proceso y 4 fueron considerados como No Medibles. (SiGuía, 2019).

En el año 2020, el municipio participó de nueva cuenta en la evaluación que establece la GDM, en ese año sometió a evaluación los módulos:

1) Organización,
2) Hacienda y
8) Gobierno abierto,

mismos que fueron de evaluación obligatoria para todos los municipios. Valle Hermoso mostró un avance del 64.4% con una ponderación del 68.9%. En esa ocasión, el total de indicadores a evaluar era de 44 de los cuales 25 correspondían la gestión y 19 al desempeño del funcionamiento de la administración pública municipal. La Universidad Autónoma de

Tamaulipas fungió como evaluadora (INAFED, 2021c). Los resultados demostraron que:

- En el módulo de Organización se localizaron 9 indicadores en estado óptimo: 5, en proceso y 6 en rezago;
- en el módulo de Hacienda hubo 14 indicadores en óptimo estado, 2 en rezago, 0 en proceso y 3 fueron considerados como No Medibles; finalmente,
- en el módulo de Gobierno Abierto se presentaron evidencia de 6 indicadores en estado óptimo, 2 en proceso y 2 en rezago (SiGuía, 2020).

## 4.11. Victoria

### 4.11.1. Localización geográfica

El municipio de Victoria se encuentra ubicado entre los 23°44'06" de latitud norte y a los 99°07'51" de longitud oeste; a una altitud media de 321 metros sobre el nivel del mar; pertenece a la subregión del mismo nombre y se localiza en la región centro del estado, sobre la cuenca hidrológica del río Purificación y entre las estribaciones de la Sierra Madre Oriental y colinda con: al norte con el municipio de Güémez; al sur con el de Llera, al este con el de Casas y al oeste con el municipio de Jaumave. La superficie territorial de Victoria es de 1,463.6 metros cuadrados, lo que representa el 1.8% del territorio estatal. El municipio se integra por 271 localidades, las mas representativas, por el número de habitantes, son Ciudad Victoria con 332,100 habitantes, la Libertad con 1,635 y La Misión con 1,140 habitantes respectivamente. (*véase* imagen 11)

**Imagen 11**
**Victoria, Tamaulipas**

Fuente: https://es.wikipedia.org/wiki/Municipio_de_Victoria_
%28Tamaulipas%29#/media/Archivo:Victoria_en_Tamaulipas.svg

## 4.11.2. Indicadores

*Población, composición por sexo y edad:* La población total de Victoria es de 349,688 habitantes, de los cuales el 48.4% son hombres y el 51.6% son mujeres, es decir, por cada 100 mujeres hay 93 hombres; respecto de la edad mediana la mitad de la población tiene 31 años o menos. (INEGI, 2020)

*Situación conyugal:* En este indicador se expresa que el 36.8% de la población es casada; el 34.4%, soltera; el 16.6% se encuentra en unión libre; el 4.2%, separada; el 3.0%, divorciada, el 5.0% representa a la población viuda. (INEGI, 2020)

*Fecundidad y mortalidad:* En mujeres de 15 a 49 años, el promedio de hijos nacidos vivos es de 1.4% y el porcentaje de hijos fallecidos es de 2.5%. (INEGI, 2020)

*Afiliación a servicios de salud:* El 23.3% de la población se encuentra afiliada al INSABI; el 45.4% está registrada en el IMSS; el 22.2%, al ISSSTE; el 0.5%, a Pemex defensa o marina; el 2.2% usa el seguro privado y el 8.4%, otra institución. (INEGI, 2020)

*Vivienda:* El número total de viviendas particulares habitadas es de 101,652, el promedio de ocupantes por vivienda es de 3.4; en cuanto al promedio de vivienda con piso de tierra es de 1.8%.(INEGI, 2020)

Los servicios con que disponen las casas son: agua entubada (91.7%), drenaje (97.8%), servicio sanitario (99.6%) y electricidad (99.4%). En relación con la disponibilidad de las Tecnologías de la Información y Comunicación se expresa que el 62.7% cuenta con internet; el 46.6%, con televisión de paga; el 47.3%, con computadora; el 94.0%, con teléfono celular y el 42.3%, con teléfono fijo. (INEGI, 2020)

*Características educativas:* En la población de 15 años y más, el 2.0% no tiene escolaridad, el 35.4% tiene el nivel básico; el 25.8%, medio superior; el 36.7%, el superior y el 0.1% no especificó. La tasa de alfabetización es del 99.2% en personas de 15 a 24 años y del 97.8% en personas de 25 años y más. (INEGI, 2020)

*Actividades económicas:* En este municipio la población económicamente activa representa el 61.3% de los cuales el 55.7% son hombres y el 44.3% son mujeres; por otra parte, la población económicamente inactiva representa el 38.2%, entre los que se encuentran estudiantes (42.1%), personas dedicadas a los quehaceres del hogar (33.4%), jubilados o pensionados (14.3%), personas con alguna limitación física o mental que les impide trabajar (2.7%) y personas en otras actividades no económicas (7.5%). (INEGI, 2020)

En Ciudad Victoria se realizan diversas actividades relacionadas con el comercio y el servicio, tales como tiendas departamentales y de autoservicio, hoteles, restaurantes, bancos, clínicas, hospitales, etcétera; asimismo se cultivan una gran variedad de verduras como las acelgas, los rábanos, el repollo, maíz cártamo, girasol y sorgo. También tiene gran presencia la industria maquiladora ya que se encuentran empresas como Nien Hsing, Kemet y Delphi.

**4.11.3. Evaluaciones aplicadas en el municipio de Victoria**

Victoria es la capital del estado de Tamaulipas, ha participado de forma regular en los procesos de evaluación de las metodologías que ha promovido el Instituto Nacional para el Federalismo y el Desarrollo Municipal (INAFED). Del 2014 al 2018 se evaluó de forma permanente bajo los lineamientos establecidos en la Agenda para el Desarrollo Municipal, dicha metodología fue promovida por el Instituto Nacional para el Federalismo y el Desarrollo Municipal (INAFED). En el 2014 la administración del municipio de Victoria presentó evidencias de los indicadores de gestión de la Agenda Básica y la Agenda Ampliada; en la primera agenda los resultados fueron: 62 indicadores en color verde, 28 en amarillo, y 15 en rojo. En la segunda agenda se registraron 41 indicadores en color verde, 7 en amarillo y 15 en rojo (INAFED, 2014).

En el año 2015, Victoria sometió a proceso de evaluación evidencias de los indicadores de gestión y desempeño de la Agenda Básica obteniendo como resultados: 33 indicadores en color verde, 8 en amarillo, 17 en rojo y 5 No Disponibles (ND). También se presentaron evidencias de los indicadores de gestión de la Agenda Ampliada teniendo como resultado 12 en color verde, 3 en amarillo, 4 en rojo (INAFED, 2015).

Durante el año 2016, los catedráticos del Colegio de Tamaulipas, evaluaron los indicadores de gestión y los de desempeño de ambas agendas. En lo que concierne a la Agenda Básica los resultados fueron: 94 indicadores en color verde, 21 en color amarillo, 44 en rojo y 29 No Disponibles; los resultados de la Agenda Ampliada fueron 27 en color verde, 21 en amarillo, y 21 en rojo (INAFED, 2016).

Durante el 2017 se continuo con los procesos de evaluación y en esa ocasión solo se evaluaron los indicadores de gestión de la Agenda Básica y de la Agenda Ampliada; los resultados de la primera Agenda, fueron 76 indicadores en color verde, 33 en amarillo, 27 en rojo, 8 No Cumplieron con el Supuesto (NCS) y 25 No Disponibles (ND); en la Agenda Ampliada se identificaron 58 en color verde, 6 en amarillo, 20 en rojo y 6 ND (INAFED, 2017b).

En el 2018, la capital de Tamaulipas volvió a dar seguimiento a los procesos de evaluación y en ese año se evaluó la Agenda completa considerando los indicadores de gestión y desempeño.

- En la Agenda Básica se encontraron: 54 indicadores en color verde, 29 en amarillo, 26 en rojo, 8 NCS y 172 ND;
- en la Agenda Ampliada se registraron: 52 en color verde, 15 en amarillo, 21 en rojo y en 8 indicadores se solicitó información No Disponible (INAFED, 2018c).

En los procesos de evaluación que promueve el Instituto Nacional para el Federalismo y el Desarrollo Municipal (INAFED) señala la importancia de la participación obligatoria de las ciudades capitales de los estados. En este sentido, Victoria, capital del municipio de Tamaulipas, participó en el año 2019 en el proceso de evaluación con los lineamientos establecidos en la Guía Consultiva de Desempeño Municipal (GDM) y mostró 26 indicadores en estado óptimo (color verde) que representaron el 66.7% de los resultados obtenidos. En ese año, fueron 2 módulos los promovidos a evaluar

1) Organización y
2) Hacienda,

la suma de ambos módulos fue de 36 indicadores —19 de gestión y 17 de desempeño—. El Colegio de Tamaulipas fue el encargado de participar en el proceso de evaluación. (INAFED, 2020).Los resultados obtenidos en

- el módulo de Organización reflejan que se encontraron evidencias de 13 indicadores en estado óptimo, 3 en rezago y 5 en proceso;
- en el módulo de Hacienda se presentaron evidencias de 13 indicadores en óptimo estado, 5 en rezago, 0 en proceso y 1 considerado como No Medible (SiGuía, 2019).

En el año 2020, el municipio de Victoria promovió la evaluación de los módulos obligatorios:

1) Organización,
2) Hacienda y
8) Gobierno abierto

la suma de estos módulos fue de 44 indicadores —25 de gestión y 19 de desempeño—. Victoria mostró evidencias del avance del 64.6% que reflejaron el 70.7% de la ponderación obtenida. En ese año, la Universidad Autónoma de Tamaulipas fue la encargada del proceso de evaluación (INAFED, 2021c). Los resultados por módulo se presentaron de la siguiente manera:

- En el de Organización se identificaron 12 indicadores en estado óptimo; 4, en proceso y 4, en rezago;
- en el módulo de Hacienda se registraron evidencias de 14 indicadores en óptimo estado; 3, en rezago y 2, en proceso;
- los resultados en el módulo de Gobierno Abierto presentaron evidencias de 5 indicadores óptimos; 2, en proceso y 3, en rezago (SiGuía, 2020).

### 4.12. Resumen

En el año 2004, se creó en México, por primera vez, una estructura institucional —impulsada por La Secretaría de Gobernación— para evaluar por resultados el desarrollo municipal.

El Instituto Nacional para el Federalismo y el Desarrollo Municipal de la Secretaría de Gobernación (INAFED) elaboró un instrumento, denominado «Agenda Desde lo Local», para medir la gestión efectiva de los gobiernos municipales, académicos, autoridades y funcionarios correspondientes a las tres esferas gubernamentales. La Agenda Desde lo Local tiene el propósito fundamental de alentar a los municipios mexicanos para su incorporación voluntaria a un esquema de estructuración de la gestión municipal. Se trata de darle un orden interno a la administración pública partiendo de un autodiagnóstico para ser verificado por Instituciones de Educación Superior (INAFED, 2017a).

Este instrumento se perfeccionó en 2014, incluyendo indicadores que no se habían considerado. En este año toma el nombre de «Agenda para el Desarrollo Municipal»; pero todo el trabajo realizado seguía teniendo áreas de oportunidad y fue perfectible, por lo que en 2019 se continuó con el proceso de reestructuración, dando origen a la «Guía Consultiva de Desempeño Municipal», la cual opera hasta la fecha (2022).

La participación en estos procesos de evaluación es opcional, por lo que muchos de los municipios de Tamaulipas no participan en ellos.

Los municipios que han participado del 2014 al 2018, bajo los lineamientos establecidos en la Agenda para el Desarrollo Municipal son:

- En el año 2014 participaron los municipios de Ciudad Madero, Matamoros, Nuevo Laredo, Victoria, Reynosa y González, sometiendo a proceso de evaluación los indicadores de gestión integrados en la Agenda Básica y en la Agenda Ampliada.
- En el año 2015, participaron en los procesos de evaluación los municipios de Valle Hermoso, Ciudad Madero, Matamoros, Nuevo Laredo, y Victoria.
- En el año 2016, solo participaron Ciudad Madero, Matamoros, Nuevo Laredo y Victoria.
- En el año 2017, la participación fue de Nuevo Laredo, Abasolo, El Mante, Río Bravo, Altamira, Reynosa, Tampico, Ciudad Madero, Matamoros, Valle Hermoso y Victoria.
- En el año 2018, fueron Nuevo Laredo, Río Bravo, San Fernando, Altamira, Ciudad Madero, El Mante, Matamoros, Reynosa, Tampico y Victoria.

Los municipios que han participado del 2019 a la fecha, bajo los lineamientos establecidos en la Guía Consultiva de Desempeño Municipal son:

- Del 2019 a la fecha, se ha promovido el proceso de evaluación bajo los lineamientos de la Guía Consultiva de Desempeño Municipal (GDM). Durante este periodo se incrementó el proceso de participaron de los municipios en Tamaulipas, tal como se puede apreciar.
- En el año 2019, participaron los municipios de Altamira, Ciudad Madero, El Mante, Matamoros, Nuevo Laredo, Reynosa, Río Bravo, San Fernando, Tampico, Valle Hermoso y Victoria. Es importante mencionar que hubo municipios que por primera ocasión decidieron evaluase como lo fueron: Aldama, Bustamante, Gómez Farías, González, Gustavo Díaz Ordaz, Jiménez, Llera, Méndez, Miguel Alemán, Ocampo, San Nicolás, Soto La Marina y Tula.

- En el año 2020 se evaluaron los municipios de Altamira, Ciudad Madero, El Mante, Matamoros, Nuevo Laredo, Reynosa, Río Bravo, San Fernando, Tampico, Valle Hermoso y Victoria; y por segunda ocasión se evaluaron los municipios de Gómez Farías, González, Gustavo Días Ordaz, Jiménez, Llera, Méndez, Miguel Alemán y San Nicolás. En esta ocasión el municipio de Xicoténcatl se evaluó por primera ocasión.

- En el año 2021, la cantidad de los municipios interesado en participar volvió a bajar de forma considerable, en esta ocasión solo participaron Ciudad Madero, Nuevo Laredo, Matamoros, Reynosa, San Fernando y Tampico, todos los municipios mencionados evaluaron los indicadores que integraron los ocho módulos de la Guía Consultiva de Desempeño Municipal.

Como se ha demostrado, son una minoría los municipios que consideran importante la evaluación; debido a lo cual de poco o nada vale que exista una metodología que se ha ido perfeccionando con el paso de los años, que busca crear las condiciones necesarias para el diseño de políticas públicas municipales considerando las fortalezas de los municipios y el cumplimiento que las administraciones públicas deben hacer de acuerdo a lo establecido en el artículo 115 Constitucional, cuando la mayoría de los municipios en Tamaulipas no desean ser sometidos a estos procesos, por tanto, esta metodología debería ser un proceso obligatorio para todos los municipios por recibir financiamiento público.

La evaluación de la administración municipal continúa siendo un tabú en Tamaulipas, hay resistencia hacia los procesos de evaluación por miedo a ser evidenciados, por lo que se prefiere caer en un activismo diario donde el trabajo de campo sirva de medio para mostrar la eficiencia del gobierno en turno.

# 5. Los retos para los municipios de Tamaulipas

## 5.1 Concepto de municipio

El municipio «es la institución básica de la vida política nacional, al ser el orden de gobierno más cercano a la población» (INAFED, 2019b, p.6), sus elementos son el territorio, la población y el gobierno.

Es preciso mencionar que la Constitución Política de los Estados Unidos Mexicanos (CPEUM) en el artículo 115 constitucional refiere que los estados cuentan con una división territorial, organización pública y administrativa y cada espacio geográfico con estas particularidades es llamado municipio, cuyo vocablo proviene de dos locuciones epistemológicas:

- *Municipium*, de *manus* que significa: cargo, carga, oficio, deber, función u obligación de hacer algo.
- *capio, capere* que quiere decir: tomar, hacerse cargo de algo, adoptar, asumir ciertas cosas. (INAFED, 2019b, p.6).

La CPEUM reconoce la autonomía del municipio libre «como una comunidad territorial de carácter público, con personalidad jurídica propia y, por ende, con capacidad política y administrativa» (INAFED, 2019b, p.6). Además de ser un espacio natural de convivencia entre los habitantes, que comparten el lenguaje, usos y costumbres. También es importante identificar el municipio «como una unidad administrativa local, desde la que se conocen las necesidades y los potenciales de las poblaciones a un nivel más específico» (OIM, 2022, p.4).

En este momento existen 2,454 municipios, cuya diversidad, complejidad, características y problemática hacen de México un país con una riqueza cultural, económica y política que lo engrandecen (INAFED, s/f).

## 5.2. Principales retos

Uno de los principales retos a los cuales se enfrentan los gobiernos municipales en nuestro país es la medición —en cuanto al rendimiento de su operación cotidiana— el apoyo sistemático de instrumentos dirigidos a este propósito coadyuva a que el primer orden de gobierno garantice una mejor cobertura y calidad de servicios básicos brindados a la población, por ende, los sistemas de medición existentes pretenden lograr que las administraciones atiendan las exigencias de la población y rindan cuentas de forma transparente, ya que la falta de acceso a la información veraz desestima uno de los principios básicos de la democracia (INAFED, 2017a).

Algunos de los problemas serios que presentan los municipios radican en que el monto de gastos de las administraciones públicas municipales, invertido en recursos humanos y en la adquisición de bienes y servicios, es alto respecto del total de ingresos; sin embargo, no existe ninguna reglamentación que regule con mayor objetividad y rigurosidad los recursos que se invierten en capital humano.

En términos proporcionales la mitad de los municipios erogan entre el 40% y 60% en sus operaciones. Asimismo, menos del 25% de los municipios gastan menos del 20% de su gasto total en su operación; eso quiere decir que pueden destinar por lo menos 8 de cada 10 pesos que gastan en acciones que generen un valor público. (INAFED, 2019a, p.14).

Además, hay escasez de reglamentación en los municipios, que permita la existencia y puesta en marcha de un marco normativo, estructura administrativa y capacitación. Menos de 250 municipios cuentan con un plan o programa de desarrollo urbano municipal, esto repercute en los ingresos por concepto del predial, de ordenamiento urbano y en la protección de áreas verdes dentro de los poblados (INAFED, 2019a).

Otro de los problemas que presentan los municipios es que hay mucha movilidad de servidores públicos al interior de los municipios, quienes carecen de capacitación —que les permita realizar sus funciones con eficacia y eficiencia—, inclusive muchos de ellos desconocen la importancia de sus puestos y funciones, así que su costo es mayor que el beneficio que le aportan al municipio. El ausentismo, también es otro problema que se presenta con mucha frecuencia, entonces el servidor público se convierte en una «carga económica» para el pueblo y no en un aliado que se preocupe y ocupe de mejorar las condiciones de vida de los habitantes.

Claro está que para lograr resultados óptimos en la ejecución de la gestión pública se requiere de voluntad política y administrativa en la realización de evaluaciones diagnósticas acordes y objetivas sobre la realidad del estado de la gestión, y, con base en ello, trazar acciones partiendo desde una visión estratégica que lleven a aprovechar los nichos de oportunidad y las fortalezas instituciones (INAFED, 2017a).

Nuestro país no termina de modernizarse y de madurar institucionalmente, por ende, no se pueden cumplir las expectativas predispuestas por los diferentes ordenamientos legales; en la misma línea, los municipios metropolitanos, por decisión propia y por exigencia ciudadana, han transitado hacia la modernidad teniendo como resultado notables ejemplos de innovación y calidad, sin embargo, dichos municipios en busca de la modernidad también han presentado padecimientos crónicos como la baja capacidad recaudatoria, la politización excesiva de sus funciones administrativas, la ausencia de procedimientos transparentes y ágiles para la gestión y el otorgamiento de servicios, licencias y permisos; del mismo modo, se ha mostrado una notable inmovilidad en la planeación de su futuro, que involucre imaginación y capacidad realizadora (Pérez y Arenas, 2012).

La Nueva Gestión Municipal, la Nueva Gestión Pública o la Nueva Gobernanza es el nuevo canon internacional (Balente y Herrera, 2013 citado en Lizama, Piñar y Ortega, 2016), las características que distinguen esta forma de gobierno son que opera de manera descentralizada, con una participación social y una gestión eficaz. Es pues, el municipio, el eje central en la articulación de diligencias y actividades que permiten el desarrollo económico y social desde el ámbito local (Muñoz y Holguín, 2001 citado en Lizama, Piñar y Ortega, 2016), a través de la gestión municipal es la forma como se pueden conseguir mejores niveles de calidad de vida elevándose con ella la competitividad mexicana y de Tamaulipas frente al mundo (Pérez y Arenas, 2012). Ante esto, el Banco Mundial (2000) ha promovido reformas institucionales con el objetivo de impulsar las capacidades municipales a fin de influir en el desarrollo sostenible local, todo esto por medio de una diferente forma de gobierno en cuanto a la administración centralizada, jerárquica y vertical.

No obstante, los gobiernos locales —en su mayoría— poseen limitantes institucionales para asumir la nueva función que implica la Nueva Gobernanza, esto es debido a que los municipios tienen recursos económicos limitados, no poseen los suficientes recursos humanos capacitados y su arquitectura jurídica e institucional es escasa (Sosa, 2010 citado en Lizama, Piñar y Ortega, 2016).

Por todo esto, la planificación estratégica ha servido como un instrumento eficaz en la transición de los municipios a través de los administradores públicos y los promotores del desarrollo local y regional (Castillo, 2006 citado en Lizama, Piñar y Ortega, 2016). Hoy en día, este tipo de gestión necesita enlazar una profesionalización en la administración municipal con una participación de todos los organismos sociales para el diseño y la ejecución de los proyectos de desarrollo sustentable (Torres, 2015 citado en Lizama, Piñar y Ortega 2016).

Muchos de los gobiernos trabajan con transparencia de forma eficiente y eficaz, pero no se tiene el hábito de documentar lo que se hace en campo, no hay procedimientos claros que den muestra sobre cómo se trabaja hacia el interior de la administración ni de sus formas de organización. La situación se complica porque sus proyectos de desarrollo deben estar alineados con los objetivos de la Agenda 2030 para el Desarrollo Sostenible, entonces, los retos para los municipios de Tamaulipas son:

a) Sensibilizar a los funcionarios públicos para someter el trabajo de la administración pública a evaluación;

b) evaluarse de forma periódica para identificar las fortalezas de la administración municipal y trabajar para atender las debilidades de la misma;

c) a partir de estas evaluaciones diseñar proyectos municipales y regionales bajo los lineamientos de la Agenda 2030 para el Desarrollo Sostenible con la integración de la ciudadanía activa; y

d) buscar financiamiento con organismos nacionales e internacionales para el financiamiento de los proyectos y la firma de acuerdos de hermanamiento como una estrategia para la construcción de alianzas para el desarrollo municipal.

## 5.3. Alianzas para el Desarrollo Municipal

Para promover el desarrollo de los municipios de Tamaulipas se requiere de la creación de una nueva arquitectura local que permita hacer visible para el gobierno «la heterogeneidad que existe en lo que se refiere a su nivel de desarrollo y magnitud territorial, la infraestructura social, económica, y de transporte disponible; su posición geográfica, su composición y características demográficas» (Arellano, 2020, p.77), en ese sentido se debe repensar la relación que existe entre la federación, el estado y los municipios aledaños (Arellano, 2020) y con aquello se compartan intereses similares de producción y distribución de bienes y servicios, así como provocar las construcción de alianzas nacionales e internacionales a través de convenios y/o contratos de hermanamiento entre las comunidades.

Una estrategia para la construcción de alianzas para el desarrollo municipal son los acuerdos de hermanamiento, los cuales son definidos por la Secretaría de Relaciones Exteriores como «instrumentos de cooperación internacional a nivel descentralizado y por lo tanto constituyen herramientas para fortalecer el proceso de desarrollo social» (S.R.E., 2007, p.2), por su parte la Organización Internacional para las Migraciones (OIM) define los hermanamientos como:

Un proceso formalizado de cooperación entre dos ciudades que buscan un objetivo en común y sobretodo que ello impacte en el beneficio de sus poblaciones. Dentro de la firma de un acuerdo institucionalizado por parte de los municipios participantes, es pertinente hacer mención que una de las finalidades es que de dichos acuerdos se desprendan beneficios conjuntos, que perduren en el tiempo, pero sobretodo que sean un baluarte de iniciativas a desarrollar en el corto, mediano y largo plazo (OIM, 2022, p.4)

Algunos de los antecedentes que se pueden mencionar respecto de la firma de acuerdos de hermanamiento data de 1964 cuando se impartió la Primera Conferencia Africana de Cooperación Mundial Intercomunal. En diciembre de 1971 la XXVI Asamblea General de las Naciones Unidas abordó el tema como un medio de cooperación internacional y fue entonces cuando el hermanamiento entre ciudades fue considerado como un mecanismo de valor excepcional porque tenía la posibilidad de poner en contacto a los países, ciudades y poblaciones enteras, por lo que se consideró

la «cooperación intermunicipal mundial como un complemento natural de
la cooperación de los estados y de las organizaciones intergubernamentales»
(S.R.E., 2007, p. 1).

Históricamente, los acuerdos de hermanamiento eran concebidos con
fines asistencialistas, pero hoy en día, promueven la *cooperación* porque la
relación entre los entes públicos es subnacional, los cuales pueden trabajar
de forma conjunta diversos temas sectoriales, contribuyen al *codesarrollo*
debido a que las alianzas se construyen en un espacio transnacional donde
existe una conexión entre personas, comunidades y sociedades, y sus
aportaciones contribuyen a los cambios en el contexto económico, político,
social y cultural, todo ello facilita la *cohesión social* debido a que permite
que el entramado social sea modificado con la participación de las personas,
finalmente, también permiten el fortalecimiento del *capital social* porque
se comparte la experiencia adquirida por algunos miembros de los grupos
operativos o de trabajo (OIM, 2022).

Desde los conceptos (…) de cooperación, codesarrollo, cohesión
social, y capital social (…) la interacción común es con el desarrollo,
con transitar hacia sociedades más abiertas y globales que tengan
un objetivo de impulsar el bien de sus poblaciones. Al entender
que de ello se desprende un beneficio común con distintas áreas,
tales como la cultura, la economía y la política será un elemento
que desde los actores involucrados se busca perdurar y despertará
un sentido de participación de los demás agentes que aún no han
sido involucrados. (OIM, 2022, p.12).

Para promover la difusión de esta estrategia se diseñó el Modelo de
Acuerdos de Hermanamiento de Amplio Alcance, este documento tiene la
finalidad de difundir las reglas de operación para compartir «el comercio,
inversiones y negocios, cultura, turismo, desarrollo municipal, recursos
humanos, educación, ciencia y tecnología, ambiente y cualquier otra área
de cooperación que las partes convengan» (S.R.E., 2007, p. 6).

Cuando los municipios de México y el extranjero tienen definido
el tipo de intercambio que contribuye a mejorar las condiciones de sus
comunidades se procede a diseñar un Programa Operativo Anual (POA)
que formará parte del acuerdo.

En el caso del estado de Tamaulipas, hay evidencias de las firmas de acuerdos de hermanamiento del 1996 al 2018, entre los cuales destacan los acuerdos agrícolas y/o ganaderos, educación y cultura, económicos, justicia y multitemático. Es importante señalar que de los quince acuerdos de Hermanamiento registrados en Tamaulipas solo hay participación de los municipios de la frontera norte como son: Camargo, Miguel Alemán, Mier, Matamoros, Valle Hermoso y Reynosa; y de la frontera sur de Tamaulipas se encuentra la presencia de los municipios de Tampico, Ciudad Madero y Altamira; y de la zona centro ha participado Victoria, Abasolo y la Secretaría de Desarrollo Rural del Gobierno del Estado de Tamaulipas.

Tal como se expresa en la tabla 15, solo once municipios de los 43 que integran el estado de Tamaulipas, tienen conocimiento de los beneficios de los acuerdos de hermanamiento y/o se han interesado por investigar al respecto. Es importante señalar que el acuerdo de hermanamiento de Abasolo y Ciudad Pharr de Texas no tiene fecha de registro; en 1996 se firmó el acuerdo entre Camargo, Tamaulipas, y Río Grande City, ciudad fronteriza texana (Oliveras, 2014). (*véase* tabla 15)

| Tabla 15 Acuerdos de hermanamiento en el estado de Tamaulipas | |
|---|---|
| 28 de octubre del 2000 | *Acuerdo de Hermanamiento entre la ciudad de Altamira, Tamaulipas de los Estados Unidos Mexicanos y la ciudad de Altamira, Puerto Plata, de la República Dominicana.* |
| 15 de octubre del 2002 | *Acuerdo de Hermanamiento entre la ciudad de Miguel Alemán, Tamaulipas, de los Estados Unidos Mexicanos y la ciudad de Cuero, Texas, de los Estados Unidos de América.* |
| 4 de julio del 2002 | *Acuerdo de Hermanamiento entre la ciudad de Mier, Tamaulipas, de los Estados Unidos Mexicanos y la ciudad de Roma, Texas, de los Estados Unidos de América.* |
| 25 de octubre del 2003 | *Acuerdo para establecer una Relación de Hermandad entre la ciudad de Tampico, Tamaulipas (México) y Houston, Texas (Estados Unidos).* |

| Tabla 15 | |
|---|---|
| **Acuerdos de hermanamiento en el estado de Tamaulipas** | |
| 28 de noviembre del 2005 | *Acuerdo de Cooperación entre el Sistema para el Desarrollo Integral de la Familia de Matamoros, Tamaulipas de los Estados Unidos Mexicanos y el Departamento de Libertades Condicionales Juveniles de San Benito, Texas de los Estados Unidos de América.* |
| 24 de octubre del 2008 | *Acuerdo de Hermanamiento entre el Municipio de Victoria Tamaulipas y de los Estados Unidos Mexicanos y McAllen, Texas, de los Estados Unidos de América.* |
| 28 de octubre de 2011 | *Memorándum para la Promoción y Fomento del Sector Rural que Celebran la Secretaría de Desarrollo Rural del Gobierno del Estado de Tamaulipas de los Estados Unidos Mexicanos y la Ciudad de Pharr, del Estado de Texas de los Estados Unidos de América* |
| 26 de enero del 2013 | *Acuerdo de Hermanamiento entre el Municipio de Valle Hermoso, Tamaulipas, de los Estados Unidos Mexicanos y la Ciudad de Mission, Texas, de los Estados Unidos de Norteamérica.* |
| 10 de diciembre del 2014 | *Acuerdo de Hermanamiento entre la Ciudad de Matamoros, Tamaulipas de los Estados Unidos Mexicanos y la Ciudad de Harlingen, del Estado Texas de los Estados Unidos de América.* |
| 18 de agosto del 2015 | *Acuerdo de Hermanamiento entre la Ciudad de Matamoros, del Estado de Tamaulipas, de los Estados Unidos Mexicanos, y la Ciudad de Brownsville, del Estado Texas, de los Estados Unidos de América.* |
| 25 de agosto del 2015 | *Acuerdo de Hermanamiento entre la Ciudad de Matamoros, del Estado de Tamaulipas, de los Estados Unidos Mexicanos, y la Ciudad de San Benito, del Estado de Texas, de los Estados Unidos de América.* |
| 27 de abril del 2016 | *Acuerdo de Hermanamiento entre la Ciudad de Reynosa, del Estado de Tamaulipas, de los Estados Unidos Mexicanos, y la Ciudad de McAllen, del Estado Texas, de los Estados Unidos de América.* |

| Tabla 15 Acuerdos de hermanamiento en el estado de Tamaulipas | |
| --- | --- |
| 13 de junio de 2016 | *Acuerdo de Hermanamiento entre la Ciudad de Altamira, del Estado de Tamaulipas, de los Estados Unidos Mexicanos, y la Ciudad de Brownsville, del Estado Texas, de los Estados Unidos de América.* |
| 27 de junio del 2017 | *Acuerdo de Hermanamiento entre la Ciudad Madero, del Estado de Tamaulipas de los Estados Unidos Mexicanos y la Ciudad de Hidalgo, del Estado de Texas de los Estados Unidos de América* |
| 27 de enero del 2018 | *Acuerdo de Hermanamiento entre Reynosa, Estado de Tamaulipas de los Estados Unidos Mexicanos y la Ciudad de Mission, Texas, USA.* |

Elaboración propia a partir de Secretaría de Relaciones Exteriores. Acuerdos Interinstitucionales registrados por dependencia y Municipios de Tamaulipas[5].

También, es importante mencionar que la Organización Internacional para las Migraciones refiere que:

> Los actores involucrados en el hermanamiento van más allá de los responsables de los gobiernos locales, se han hecho partícipes para generar una agenda de corresponsabilidad y sobretodo que garantice que habrá un compromiso desde diferentes aristas de la sociedad para llevar a cabo los proyectos, darse cuenta de los beneficios que ellos tienen y descubrir nuevas áreas de cooperación e incluso ampliar la red de colaboración en ambos lados de la frontera. (OIM, 2022, p.18).

Entonces, los acuerdos de hermanamiento son una posibilidad para la construcción de alianzas estrategicas para los municipios de Tamaulipas, además de la firma de convenios con instituciones públicas y empresas privadas, entre los municipios de Tamaulipas y las dependencias sociales, asimismo son alternativas de vinculación y desarrollo municipal.

---

5    (fecha de consulta, 02 de julio de 2022). Disponible en: https://portales.sre.gob.mx/coordinacionpolitica/index.php/entidades/150-tamaulipas

# Conclusiones

Los procesos de evaluación en Tamaulipas continúan siendo un tabú para los municipios y mientras no sea obligatorio, difícilmente se incrementarán los índices de participación. El Instituto Nacional para el Federalismo y el Desarrollo Municipal (INAFED), con el paso de los años ha estado modificando sus metodologías de evaluación para adaptarse a las necesidades de los municipios, hace una inversión, en tiempo, en esfuerzo, en la implementación de las nuevas tecnologías, en capacitación al personal y todo ello no está siendo utilizado por la mayoría de los municipios de Tamaulipas.

Entonces, los retos para las administraciones públicas municipales son participar en la construcción de una cultura de la evaluación a partir de la sensibilizando de los funcionarios públicos, evaluarse de forma periódica, diseñar proyectos integrales a partir de los objetivos de la Agenda 2030 para el Desarrollo Sostenible y la construcción de alianzas estratégicas para el desarrollo municipal a partir de la firma de convenios y acuerdos de hermanamiento.

# Fuentes consultadas

Arellano, S. (2020). "Pandemia, pobreza y municipios" en (Coords). Cordera, R. y Provencio, E. *Cambiar el rumbo: el desarrollo tras la pandemia.* UNAM.

Asamblea General (2015). *Transformar nuestro mundo: la Agenda 2030 para el Desarrollo Sostenible.* https://www.fundacioncarolina.es/wp-content/uploads/2019/06/ONU-Agenda-2030.pdf

Banco Mundial (2000). *Informe sobre el desarrollo mundial: En el umbral del siglo XXI.* B. Mundial, ed., Washington, D.C., EE.UU.: Banco Mundial. Available at: http://wwwwds.worldbank.org/external/default/WDSContentServer/WDSP/IB/2005/11/15/000160016_20051115161409/Rendered/PDF/192790SPANISH0WDR0199902000.pdf.

CEPAL (2018). *La Agenda 2030 y los Objetivos de Desarrollo Sostenible Una oportunidad para América Latina y el Caribe.* https://repositorio.cepal.org/bitstream/handle/11362/40155/24/S1801141_es.pdf CEPAL 2018 CEPAL 2018

CIDE-Centro CLEAR para América Latina-Comunidad de Profesionales y Expertos en Gestión para Resultados en el Desarrollo de México (2013). *Fortaleciendo la Gestión para Resultados en el Desarrollo en México: Oportunidades y Desafíos.* [Fecha de consulta 1 de julio de 2020]. Disponible en http://www.clear-la.cide.edu/sites/default/files/Brief_Fortaleciendo%20la%20GpRD%20en%20M%C3%A9xico.pdf

*Constitución Política de los Estados Unidos Mexicanos.* (2019). [Fecha de consulta 1 de julio de 2022]. Disponible en https://mexico.justia.com/federales/constitucion-politica-de-los-estados-unidos-mexicanos/gdoc/

Dávila, Gómez, A. (enero, 2012). Breve historia de Matamoros. *Matamoros la puerta de México.* Recuperado de http://www.matamoros.com.mx/breve-historia-de-matamoros/Instituto Nacional para el Federalismo y el Desarrollo Municipal (1998) *Enciclopedia de los Municipios de México*. Talleres Gráficos de la Nación, México, D.F. Recuperado de http://siglo.inafed.gob.mx/enciclopedia/

Iberdrola. (2022). *La importancia de la Agenda 2030 y los Objetivos de Desarrollo Sostenible (ODS)*. https://www.iberdrola.com/sostenibilidad/comprometidos-objetivos-desarrollo-sostenible/que-es-agenda-2030

Instituto Nacional de Estadística Geografía e Informática (2021). *Panorama Sociodemográfico de Tamaulipas 2020*. [Fecha de consulta abril de 2022]. Recuperado de https://www.inegi.org.mx/contenidos/productos/prod_serv/contenidos/espanol/bvinegi/productos/nueva_estruc/702825198015.pdf

Instituto Nacional de Estadística Geografía e Informática (2017). (fecha de consulta, octubre de marzo de 2021). *ICCE de Nuevo Laredo*. Obtenido de Instituto para la Competitividad y el Comercio Exterior de Nuevo Laredo. http://iccedenuevolaredo.org/wpicce/

Instituto Nacional para el Federalismo y el Desarrollo Municipal. (s/fa). Guía Técnica 1.

*Historia del Municipio Mexicano*. [Fecha de consulta julio de 2020]. Disponible en http://www.inafed.gob.mx/work/models/inafed/Resource/335/1/images/guia01_historia_del_municipio_mexicano.pdf

Instituto Nacional para el Federalismo y el Desarrollo Municipal. (2013). *Resultados Históricos de Agenda Desde lo Local 2004-2013*. [Fecha de consulta 1 de julio de 2021]. Disponible en https://www.gob.mx/inafed/acciones-y-programas/resultados-historicos-del-programa-agenda-desde-lo-local

Instituto Nacional para el Federalismo el Desarrollo Municipal (2014). *Resultados del Programa Agenda para el Desarrollo Municipal 2014*. [Fecha de consulta 2 de julio de 2021. Recuperado de https://www.gob.mx/cms/uploads/attachment/file/138392/Resultados_Generales_ADM_2014.pdf

Instituto Nacional para el Federalismo y el Desarrollo Municipal (2015). *Resultados del Programa Agenda para el Desarrollo Municipal 2015.* [Fecha de consulta 2 de julio de 2021]. Recuperado de https://www.gob.mx/inafed/acciones-y-programas/ resultados-del-programa-agenda-para-el-desarrollo-municipal-2015

Instituto Nacional para el Federalismo y el Desarrollo Municipal (2016). *Resultados del Programa Agenda para el Desarrollo Municipal 2016.* [Fecha de consulta 2 de julio de 2021]. Recuperado de https://www.gob.mx/inafed/acciones-y-programas/ resultados-del-programa-agenda-para-el-desarrollo-municipal-2016

Instituto Nacional para el Federalismo y el Desarrollo Municipal (2017a). *Programa Agenda para el Desarrollo Municipal 2017.* [Fecha de consulta 2 de julio de 2021]. Recuperado de https://www.gob.mx/cms/uploads/ attachment/file/349507/ADM_2017_parte_1.pdf

Instituto Nacional para el Federalismo y el Desarrollo Municipal (2017b). *Resultados del Programa Agenda para el Desarrollo Municipal 2017.* [Fecha de consulta 2 de julio de 2021]. Recuperado de https://www.gob.mx/inafed/documentos/ resultados-del-programa-agenda-para-el-desarrollo-municipal-2017

Instituto Nacional para el Federalismo y el Desarrollo Municipal (2018a). *Programa Agenda para el Desarrollo Municipal 2018.* Recuperado de https://www.gob.mx/cms/uploads/attachment/file/300322/ Introducci_n.pdf

Instituto Nacional para el Federalismo y el Desarrollo Municipal. (26 de diciembre de 2018b). *Prospectivas y perspectivas de la Agenda Desarrollo Municipal 2019* [Fecha de consulta 2 de julio de 2021]. Recuperado de https://www.gob.mx/inafed/articulos/prospectivas-y-perspectivas- de-la-agenda-desarrollo-municipal-2019?idiom=es

Instituto Nacional para el Federalismo y el Desarrollo Municipal (2018c). *Resultados del Programa Agenda para el Desarrollo Municipal 2018.* [Fecha de consulta 2 de julio de 2021]. Recuperado de http://siglo.

inafed.gob.mx/recursos/Resultados_2018_del_Programa_Agenda_para_el_Desarrollo_Municipal.xlsx

Instituto Nacional para el Federalismo y el Desarrollo Municipal. (2019a). "Introducción. Manual del Participante". En *curso en línea Guía Consultiva de Desempeño municipal*. Pp. 1-20.

Instituto Nacional para el Federalismo y el Desarrollo Municipal. (2019b). "Módulo 1. Metodología. Manual del Participante". En *curso en línea Guía Consultiva de Desempeño municipal*. Pp. 1-21.

Instituto Nacional para el Federalismo y el Desarrollo Municipal (2020). Consulta de los Resultados de la *Guía Consultiva de Desempeño Municipal 2019*. Documento recuperado en: https://www.gob.mx/inafed/acciones-y-programas/resultados-de-la-guia-consultiva-de-desempeno-municipal-2019

Instituto Nacional para el Federalismo y el Desarrollo Municipal. (2021a). *Guía Consultiva de Desempeño Municipal. Cuaderno de Trabajo 2021*. [Fecha de consulta 14 de marzo de 2022]. Recuperado de https://www.gob.mx/inafed/documentos/guia-consultiva-de-desempeno-municipal-198095

Instituto Nacional para el Federalismo y el Desarrollo Municipal. (2020). *Guía Consultiva de Desempeño Municipal. Lineamientos operativos*. [Fecha de consulta 15 de marzo de 2022]. Recuperado de https://www.gob.mx/inafed/documentos/guia-consultiva-de-desempeno-municipal-198095

Instituto Nacional para el Federalismo y el Desarrollo Municipal. (2021b). *Guía Consultiva de Desempeño Municipal. Manual para la etapa de diagnóstico*. [Fecha de consulta 20 de abril de 2022]. Recuperado de https://www.gob.mx/cms/uploads/attachment/file/539277/Manual_de_Diagn_stico_de_la_GDM_2020_ok.pdf

Instituto Nacional para el Federalismo y el Desarrollo Municipal (2021c). *Consulta de los Resultados de la Guía Consultiva de Desempeño Municipal 2020. Resultados de participación*. Documento recuperado en: https://www.gob.mx/cms/uploads/attachment/file/606983/Reporte_Resultados_GDM_2020_ok.pdf

Lizama Pérez, F., Piñar Álvarez, M.A., Ortega Argueta, A. (noviembre, 2016). *Institucionalización de la Agenda para el Desarrollo Municipal: Instrumento para el desarrollo regional sustentable de México.* Trabajo presentado en 21° Encuentro Nacional sobre Desarrollo Regional en México. Mérida, Yucatán. AMECIDER-ITM

Oliveras, X. (2014). *La acción transfronteriza de los gobiernos locales en un contexto de endurecimiento fronterizo y crisis económica. El caso de la región, Tamaulipas-Texas.* Carta Económica Regional, núm.113, 13-35.

Organización Internacional para las Migraciones. (2022). (04 de junio de 2022). *Estrategia de sostenibilidad para el hermanamiento entre las ciudades de Santa Ana, El Salvador y Tapachula, México.* Disponible en: https://mexico.un.org/sites/default/files/2022-06/estrategia-de-sostenibilidad_proyecto-ciudades-hermanas.pdf

Organización Internacional del Trabajo (2017). *Objetivos de Desarrollo Sostenible. Manual de referencia Sindical sobre la Agenda 2030 para el Desarrollo Sostenible. Objetivos de Desarrollo Sostenible: Manual de referencia Sindical sobre la Agenda 2030 para el Desarrollo Sostenible.* http://www.ilo.org/wcmsp5/groups/public/@ed_dialogue/@actrav/documents/publication/wcms_569914.pdf

Pérez Archundia, E. y Arenas Aréchiga, E. (2012). "Agenda desde lo Local": Desarrollo Sostenible y Desarrollo Humano". *Revista Austral de Ciencias Sociales* (22), 43-54 [Fecha de consulta 1 de julio de 2021]. ISSN:0717-3202. Disponible en https://www.redalyc.org/pdf/459/45929109003.pdf

Secretaría de Relaciones Exteriores. (fecha de consulta, 02 de julio de 2022). *Acuerdos Interinstitucionales registrados por dependencia y Municipios de Tamaulipas.* Disponible en: https://portales.sre.gob.mx/coordinacionpolitica/index.php/entidades/150-tamaulipas

Secretaría de Relaciones Exteriores. (2007). (25 de mayo de 2022). *Programa Mexicano de Relaciones Hermanas y Cooperación Internacional Descentralizada. Etapa de iniciación. Modelo de acuerdo de Hermanamiento de amplio alcance.* https://portales.sre.gob.mx/coordinacionpolitica/images/stories/documentos_gobiernos/mahaaini.pdf

Sistema de Información de la Guía Consultiva de Desempeño Municipal. (2019). *Base de Datos Resultados 2019.* [Fecha de consulta 21 de junio de 2022]. Recuperado en: http://siglo.inafed.gob.mx/siguia/

Sistema de Información de la Guía Consultiva de Desempeño Municipal. (2020). *Base de Datos Resultados 2020.* [Fecha de consulta 21 de junio de 2022]. Recuperado en: http://siglo.inafed.gob.mx/siguia/

Sistema de Información de la Guía Consultiva de Desempeño Municipal. (2021). Base de Datos Resultados 2021. [Fecha de consulta 22 de junio de 2022]. Recuperado en: http://siglo.inafed.gob.mx/siguia/

Secretaría De Desarrollo Económico Y Turismo (s.f) *Tampico, Tamaulipas.* Recuperado de http://www.cptm.com.mx/work/sites/CPTM/resources/LocalContent/6334/4/tampico_ce.pdf

Vázquez, O., González, A., y Muñoz, L. (s.f) "Principales actividades económicas y su derrama regional (Agricultura, ganadería, pesca, silvicultura, industria, turismo, minería, comercio y servicios". *Valle de San Fernando.* Recuperado de http://valledesanfernando.infored.mx/nfraestructura-educativa-y-de-asistencia-social.html

Printed in the United States
by Baker & Taylor Publisher Services

Printed in the United States
by Baker & Taylor Publisher Services